目　　录

第1章　美　国

第 2 章 俄罗斯 / 苏联

Encyclopedia of Weapons

武器小百科 枪械知识绘本

灌木文化 编著

Picture Book of Firearms

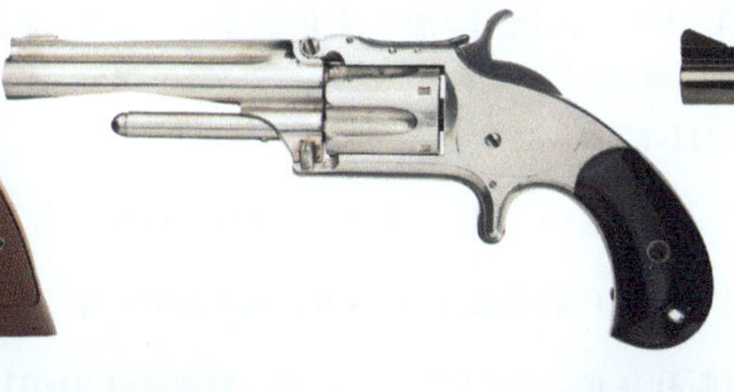

机械工业出版社
CHINA MACHINE PRESS

本书详细介绍了多种经典枪械，并配有精美的图示。

全书分为5章，对各种枪械按照国别进行介绍，分别为美国、俄罗斯/苏联、德国、意大利、其他国家。书中针对不同的枪械都有详细的介绍、参数、枪型特征、以及精美的图示，以图文并茂的形式丰富阅读体验。

本书适合广大军迷以及轻武器爱好者阅读。

图书在版编目（CIP）数据

武器小百科．枪械知识绘本/灌木文化编著．—北京：机械工业出版社，2018.11（2024.1重印）

ISBN 978-7-111-62064-8

Ⅰ.①武… Ⅱ.①灌… Ⅲ.①枪械—世界—图集 Ⅳ.①E92-64

中国版本图书馆CIP数据核字（2019）第032051号

机械工业出版社（北京市百万庄大街22号 邮政编码100037）
策划编辑：杨 源 责任编辑：杨 源
责任校对：徐红语 责任印制：张 博
北京中科印刷有限公司印刷
2024年1月第1版第7次印刷
184mm×260mm · 8.75印张 · 215千字
标准书号：ISBN 978-7-111-62064-8
定价：69.80元

电话服务	网络服务
客服电话：010-88361066	机 工 官 网：www.cmpbook.com
010-88379833	机 工 官 博：weibo.com/cmp1952
010-68326294	金 书 网：www.golden-book.com
封底无防伪标均为盗版	机工教育服务网：www.cmpedu.com

第3章 德 国

第4章 意 大 利

第 5 章 其他国家

第1章

美　国

1.1 S&W465V 左轮手枪

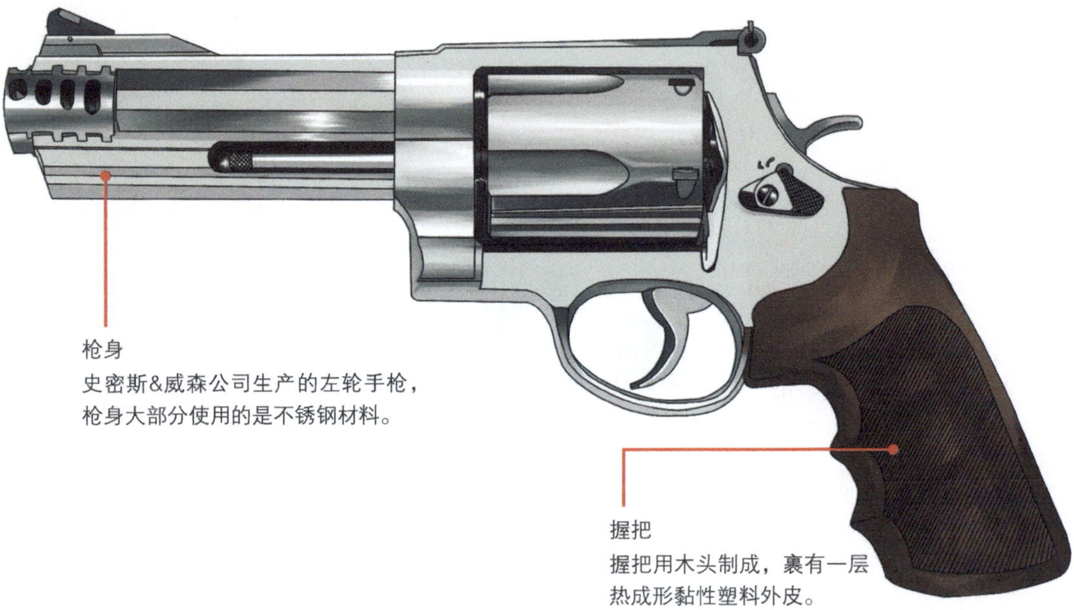

枪型简介

S&W465V 左轮手枪是由史密斯 & 威森公司生产的，史密斯 & 威森公司就是以生产左轮手枪而闻名于世的。

参　数

枪长：	275 毫米
枪重：	1.4 千克
枪管长：	127 毫米
弹巢容量：	5 发

史密斯 & 威森公司的产品在美国各个时期都出现过，并且由于其产品在电影中频繁出现，而使得其影响力更广。

1.2 “蟒蛇”左轮手枪

枪型简介

“蟒蛇”左轮手枪以高可靠性、高精度、美观的外表著称，受到使用者的青睐，被称为“柯尔特的凯迪拉克”，并迅速进入执法机构市场。

参　数

枪长：	291 毫米
枪重：	1.6 千克
枪管长：	153 毫米
弹巢容量：	6 发

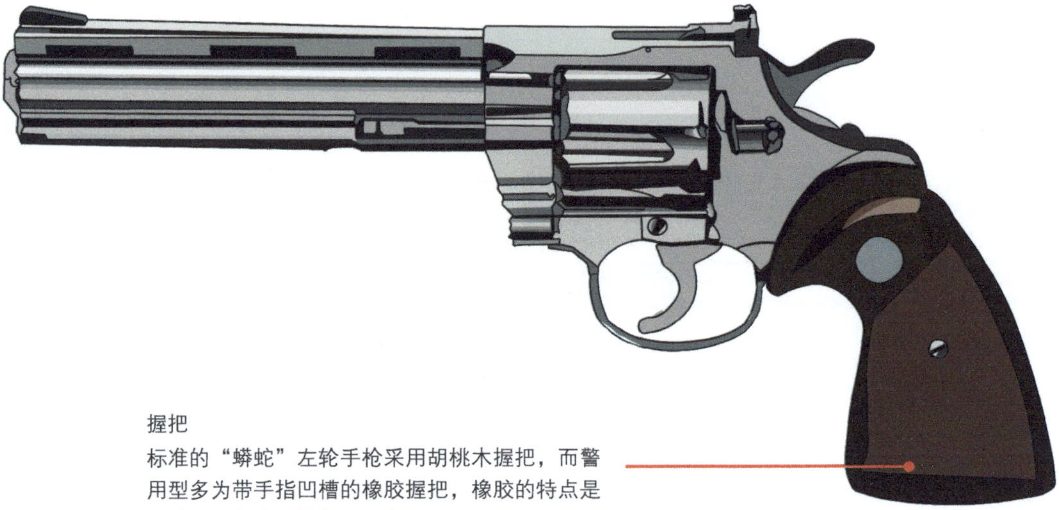

握把

标准的“蟒蛇”左轮手枪采用胡桃木握把，而警用型多为带手指凹槽的橡胶握把，橡胶的特点是手感好、有助于控制后坐力。

枪型特征

“蟒蛇”左轮手枪是一种双动击发手枪，同时也能用手扳下击锤进行单动射击。弹巢向左侧摇出进行退壳和装填。

“蟒蛇”左轮手枪是柯尔特公司生产的，起初的理念是改进9.6毫米特种口径单 / 双动击发的比赛级左轮手枪，最后研制成为如今以精度和威力著称的9.06毫米口径经典左轮手枪。

1.3 M1911A1 军用手枪

枪型简介

M1911A1 军用手枪由勃朗宁设计，并由柯尔特公司生产。最终 M1911A1 被设计成后膛闭锁、单动击发的半自动手枪。

参　数

枪长：	216 毫米
枪重：	1.1 千克
枪管长：	127 毫米
弹匣容量：	7 发

枪型特征

M1911A1 军用手枪的自动方式为枪管短后坐式，闭锁方式为枪管偏移式（枪管绕铰链上下摆动），也称为枪管摆动式或枪管起落式。

1.4 BREN TEN 手枪

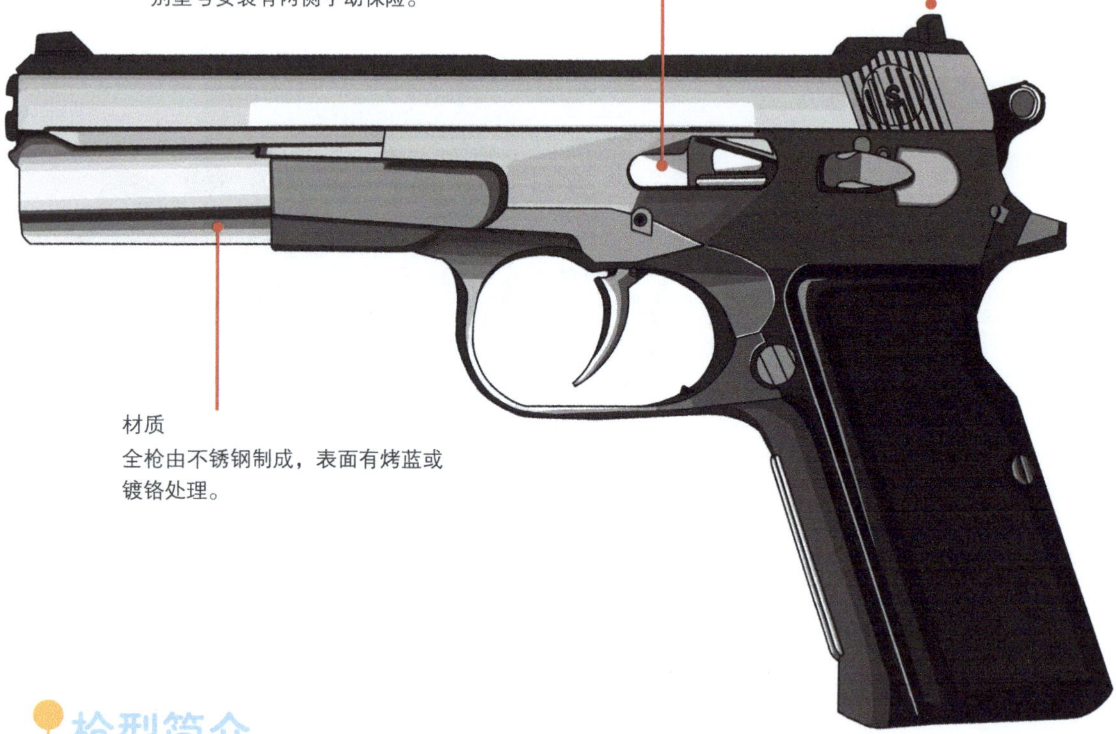

枪型简介

BREN TEN 手枪有单动或双动模式，并有自动击针保险。10 毫米 AUTO 子弹是当时世界上最强大的手枪子弹。

参 数

枪长：	222.3 毫米
枪重：	1.077 千克
枪管长：	127 毫米
弹匣容量：	8/11/20 发

枪型特征

根据不同的口径，BREN TEN 手枪有不同的弹匣，10 毫米 AUTO 的标准型弹匣为 11 发，袖珍型弹匣为 8 发，还有加长型的弹匣最多可达到 20 发。

1.5 勃朗宁 BDM 手枪

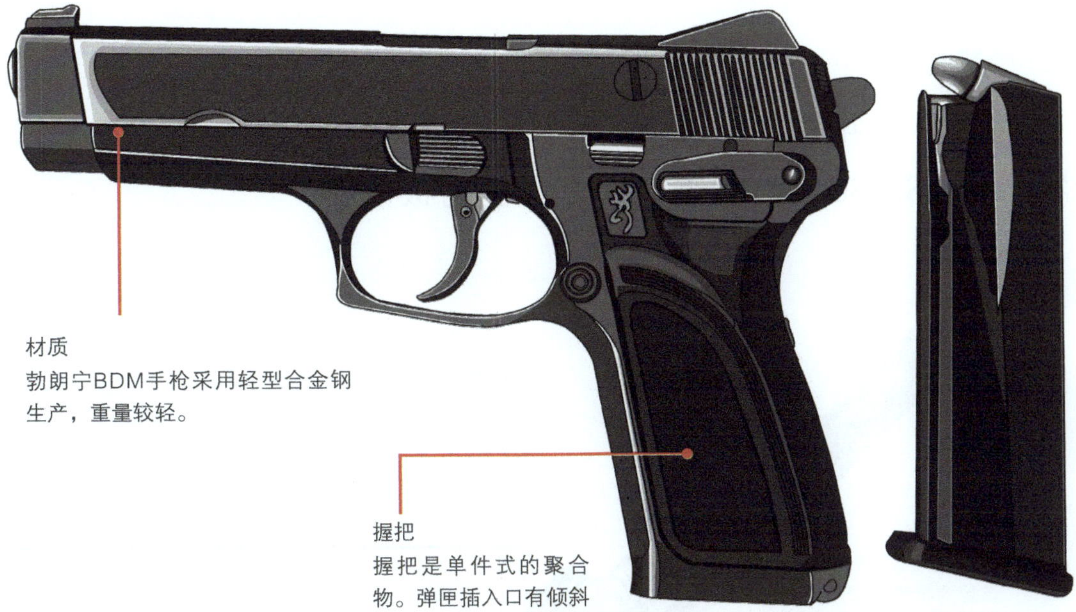

枪型简介

勃朗宁 BDM 手枪经常会被人误归类到勃朗宁 HP 手枪中，实际上 BDM 手枪只是外形类似HP手枪，其实两者有不同的设计。

参　数

枪重：	0.870 千克
枪管长：	120 毫米
弹匣容量：	15 发

枪型特征

勃朗宁 BDM 手枪有两种击发方式：普通的单 / 双动（DA/SA）和纯双动模式（DAO）。用户只需要旋转位于套筒左侧的圆形转换开关就可以改变，标记“P”表示单 / 双动，标记“R”表示纯双动。

1.6 KRISS Super V 冲锋枪

枪型简介

2005 年年底，美国 TDI 公司公布了一种外形奇特的冲锋枪，名为 KRISS Super V，其特点是后坐力极低。

参 数

枪长：	406 毫米
枪重：	2.18 千克
枪管长：	140 毫米
弹匣容量：	28 发

KRISS Super V冲锋枪

枪型特征

该枪发射 .45ACP 子弹，由于只能使用全自动模式，而且射速高达每分钟 1200 发，很耗弹药，因此设计师降低了射速。该枪的后坐力非常低。

2008年推出的改进型

上图为 2008 年推出的半自动民用型卡宾枪 CRB/SO，为了让购买的用户心理上容易接受，TDI 公司把枪管外观伪装成消音器的形状。

1.7 JACKHAMMER 自动霰弹枪

枪型简介

JACKHAMMER 自动霰弹枪是美国潘科公司研制的。该枪设计非常独特，采用了步枪的“无托”结构，使用转轮弹匣供弹，可以进行连发射击。

枪型特征

该枪的自动方式是枪管前冲式，在轻武器上非常少见。转轮弹匣须事先装好枪弹并密封，枪弹涂有不同颜色，以区分弹种。

参　数

枪长:	787 毫米
枪重:	4.57 千克
枪管长:	525 毫米
弹匣容量:	10 发

1.8 SPAS-15 多功能霰弹枪

枪型简介

SPAS-15 多功能霰弹枪集高质量、性能可靠于一身，在设计构思和结构上都沿用了突击步枪的概念。

1982 年美国提出近战突击武器系统（CAWS）的轻武器计划，由于在计划中为了提高装填弹药的速度，希望新型霰弹枪能采用可卸式弹匣供弹，因此在 1984 年初推出了 SPAS-15 多功能霰弹枪的样枪。

参　数

枪长：	1000 毫米
枪重：	3.9 千克
枪管长：	450 毫米
弹匣容量：	6/8 发

1.9 USAS-12 自动霰弹枪

枪型简介

1989 年，美国吉尔伯特设备有限公司研制出了 USAS-12 自动霰弹枪，最终由韩国的武器生产商大宇精密工业公司大规模生产。

参 数

枪长：	960 毫米
枪重：	5.5 千克
枪管长：	460 毫米
弹匣容量：	10/20 发

枪型特征

USAS-12 自动霰弹枪采用导气式操作原理，是一种左、右手都可以操作的武器。该枪外形强悍，经常出现在有枪战场面的电影中。该枪会比其他同类的霰弹枪使用起来舒服，因为它比较重，减轻了射击时的后坐力。

1.10 M16 突击步枪

枪型简介

M16 突击步枪曾经是 20 世纪 60 年代，美国陆军使用的主要步兵武器，也被西方多个国家使用过，更是同口径突击步枪中生产数量最多的枪械。

枪型特征

M16 突击步枪的特点是口径小、质量轻、射击精度高、持续作战能力强，而且该枪还广泛采用铝合金和塑料等轻型材料，以及先进的加工制造工艺。

参　数

枪长：	986 毫米
枪重：	3.1 千克
枪管长：	533 毫米
弹匣容量：	20/30 发

M16突击步枪采用导气式工作原理。该枪没有活塞组件和气体调节器，而采用导气管。

1.11　雷明顿 ACR 突击步枪

枪型简介

该枪由雷明顿公司于 2006 年设计制造。2008 年由大毒蛇公司接手将其设计理念改为 ACR(自适应战斗步枪) 。

枪型特征

雷明顿 ACR 突击步枪可扩展性极强，使该枪能够适应多种环境、多种用途。该枪左右手都可使用，操作方法很简单，同时它也比较轻。

参　数

枪长：	975 毫米
枪重：	3.5 千克
枪管长：	410 毫米
弹匣容量：	20/30 发

1.12 M4 卡宾枪

枪管
有些M4卡宾枪装配较厚较重的枪管，以降低全自动开火时所产生的热量，并且加厚了铝质隔热层。

枪型简介

M4 卡宾枪使用 5.56 毫米口径的 SS109 子弹，采用 M16 突击步枪特有的导气式工作原理。该枪被多国反恐部队及特警队使用。

枪型特征

M4 卡宾枪的长度比 M16 突击步枪短，重量较轻，两者大部分零件可以通用。

参　数

枪长：	840 毫米
枪重：	2.68 千克
枪管长：	368.3 毫米
弹匣容量：	20/30/35 发

1.13 BA50 狙击步枪

枪型简介

BA50 狙击步枪是由美国大毒蛇武器公司研制及生产的单发旋转后拉式枪机、可拆卸式弹匣供弹的重型狙击步枪。

参　数

枪长：	1473 毫米
枪重：	13.6 千克
枪管长：	730 毫米
弹匣容量：	10 发

1.14 巴雷特 M82A1 狙击步枪

枪型简介

巴雷特公司在 1986 年改进了 1982 年设计的半自动 .50BMG 口径步枪，起名为巴雷特 M82A1 狙击步枪。该枪精度一般，但性能可靠，价格便宜。

枪型特征

该枪使用浮置式枪管，配备枪口制退器来控制后坐力，故而射击时和使用 .243 温彻斯特子弹的狙击步枪可控性差不多。

参　数

枪长：	1447.8 毫米
枪重：	14 千克
枪管长：	508 毫米
弹匣容量：	10 发

枪型特征

巴雷特 M82A1 狙击步枪采用枪管短后坐原理，半自动发射方式。该枪自带机械瞄准具，也可以安装光学瞄准具。

1.15 CheyTac LRRS 狙击步枪

CheyTac LRRS狙击步枪

CheyTac LER狙击步枪

枪型简介

CheyTac LRRS 狙击步枪是一种手动操作、旋转后拉式枪机的步枪。该枪的枪管可以迅速拆卸更换，便于存放和运输。

参　数

枪长：	1346 毫米
枪重：	14 千克
枪管长：	737 毫米
弹匣容量：	7 发

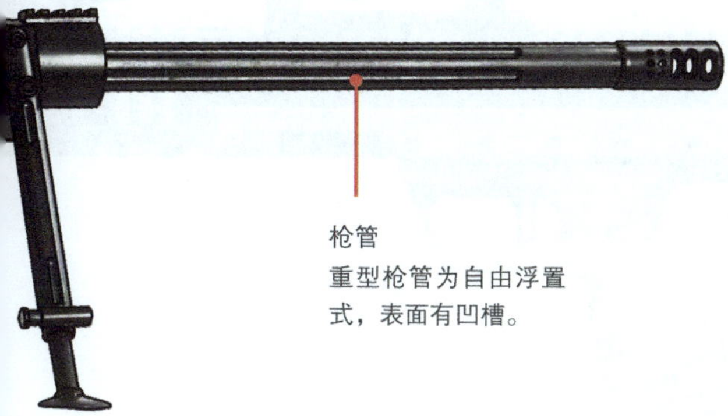

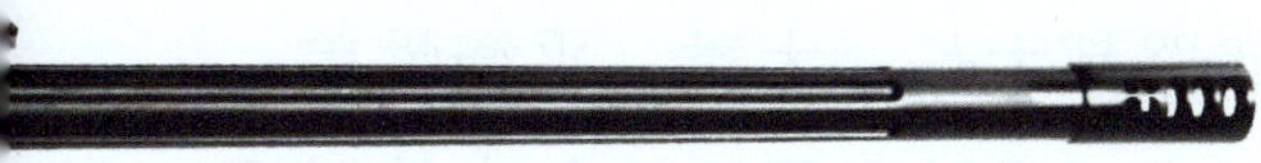

枪型特征

为降低后坐力，该枪在枪口处安装有枪口制退器，可换成 OPS INC 公司生产的消音器，该消音器由不锈钢制成。

与 CheyTac LRRS 狙击步枪在同一公司生产的还有枪托可折叠的 CheyTac LER 狙击步枪。这一系列狙击步枪使用私有的 .408CheyTac 或 .375 CheyTac 子弹。

1.16 DTA SRS 狙击步枪

枪型简介

该枪的设计师认为传统的狙击武器都太长、太重、平衡性差、人机工效不好，特别不适合无依托射击。设计师用了三年半的时间来设计该枪，目标就是通过采用无托结构，使狙击步枪变得更紧凑，并可改善平衡性。据说从头到尾 DTA SRS 狙击步枪经历了十次重新设计，不过大多数的设计工作是用 3D 立体软件完成的，所以到正式开工制作样枪时，设计已经基本上定型了。

DTA SRS 狙击步枪是由沙漠战术轻武器公司的创办人尼古拉斯・杨格设计的。

枪型特征

该枪最大的特点是无托设计，这大大提高了武器的平衡性。由于其重心位于扳机护圈前，这使得无依托变得更容易，而且长时间稳定举枪也不容易疲劳。

参　数

型号：	.338LM	.300WM	.308WIN	.243WIN
枪长：	953 毫米	902 毫米	800 毫米	902 毫米
枪重：	5.26 千克	5.09 千克	4.26 千克	5.09 千克
枪管长：	660 毫米	660 毫米	559 毫米	660 毫米
弹匣容量：	5 发	6 发	7 发	6 发

1.17 雷明顿 MSR 狙击步枪

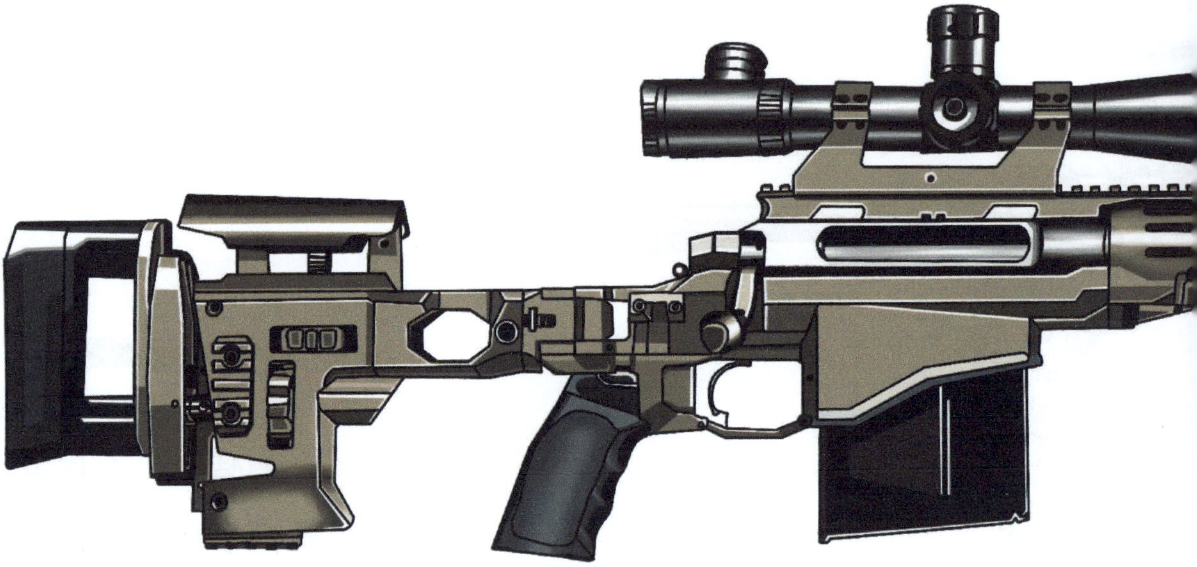

参 数

型号：	.308	.300	.338
弹匣容量：	10 发	7 发	5 发

雷明顿 MSR 狙击步枪采用旋转后拉式枪机，但并非该公司招牌产品 700 系列所采用的有两个大型闭锁凸耳的毛瑟式枪机，而是一个新设计的枪机，枪机头有三个闭锁凸耳，整体为三角形截面，枪机开、闭锁时旋转 60° 。

枪型简介

该枪在 SHOT SHOW 2009 上首次公开，目的是为特种作战部队提供一种新型狙击步枪，能一人携带作战。

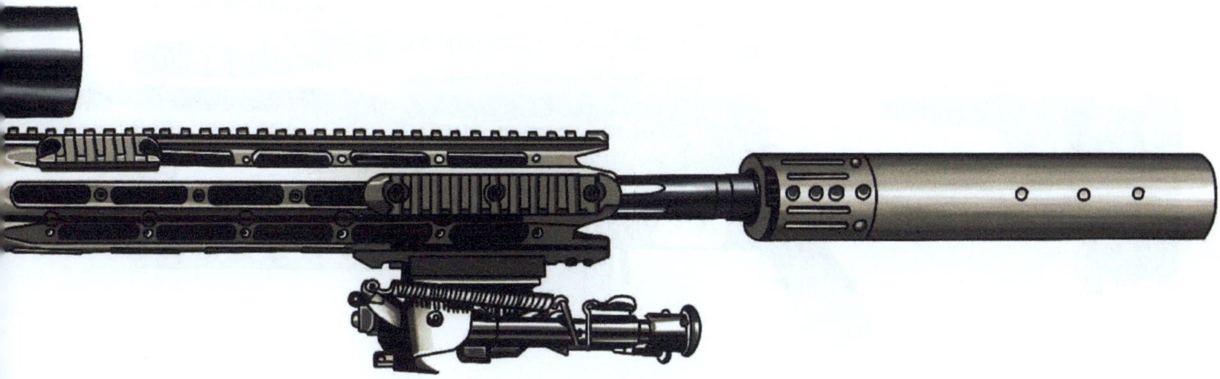

枪型特征

雷明顿 MSR 狙击步枪采用模块化设计，整个系统基于一个铝合金“底座”，这个“底座”包括弹匣座、击发机座和前托在内，钛合金制成的机匣安装在“底座”上，浮置式枪管通过钢制的枪管节套固定在机匣上。

1.18 M96狙击步枪

M96狙击步枪枪托展开效果图

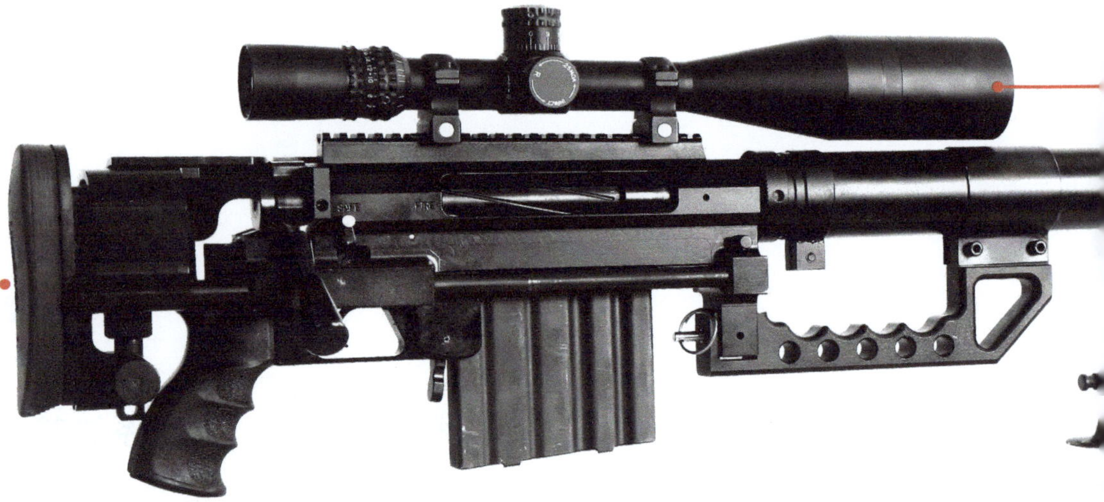

枪托

由于没有设置护手，为避免两脚架的位置太靠后，将其安装在机匣下方向前伸出的导杆上。枪托采用伸缩式结构。

M96狙击步枪枪托未展开效果图

枪型简介

M96 狙击步枪也叫风行者，由威廉·里奇设计，并由 EDM 武器公司生产。

参　数

枪长：	1270 毫米
枪重：	15.4 千克
枪管长：	415 毫米
弹匣容量：	5 发

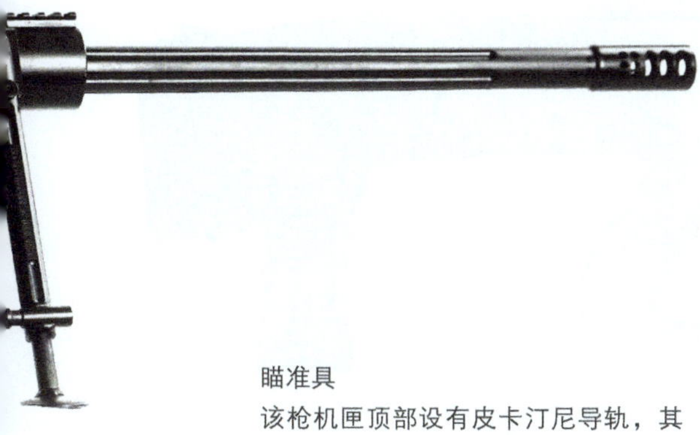

瞄准具
该枪机匣顶部设有皮卡汀尼导轨，其上安装了大倍率光学瞄准镜。

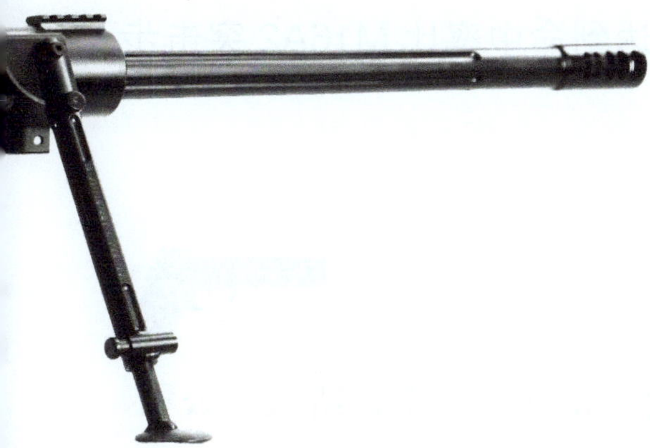

枪型特征

M96 狙击步枪可以快速不完全分解为 8 个部件，即枪管、机匣、瞄准具、脚架、扳机组、连杆肩托、弹匣和枪机。不完全分解后，该枪全长不超过 812.8 毫米，可以在战场上快速组装。

1.19 斯太尔 ACR 先进突击步枪

枪型简介

斯太尔 ACR 先进突击步枪是美国先进战斗步枪计划的 4 种候选方案之一，但所有 4 个方案都没有达到命中率比 M16A2 突击步枪提高很多的要求，因此计划被中止。

枪型特征

该枪的基本要求是要在战场压力下提高命中率，斯太尔公司选择的突破口是箭形弹，但当时箭形弹的概念失败了。之后该枪重新尝试箭形弹技术，并取得了一定的成功。

第2章

俄罗斯/苏联

2.1 马卡洛夫手枪

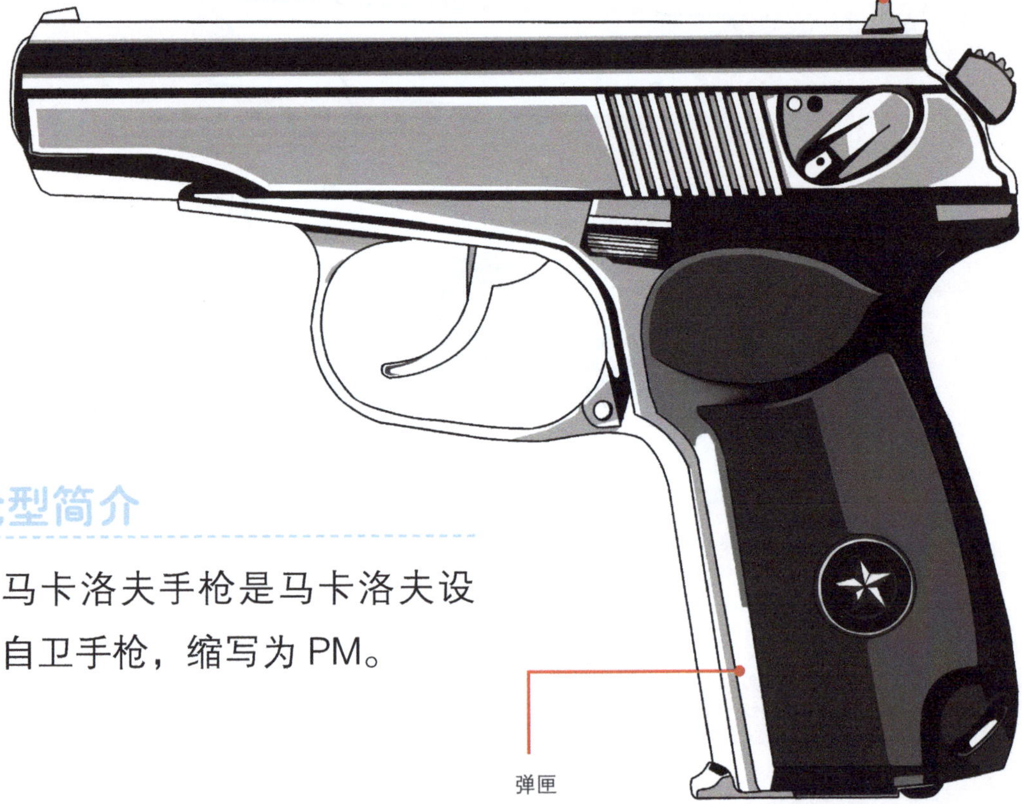

枪型简介

马卡洛夫手枪是马卡洛夫设计的自卫手枪，缩写为 PM。

枪型特征

马卡洛夫手枪采用简单的自由后坐式工作原理。该枪固定销很少，零件总数也少，尽可能一物多用，有结构简单、性能可靠、成本低廉等优势。

参　数

枪长：	161 毫米
枪重：	0.730 千克
枪管长：	93.6 毫米
弹匣容量：	8 发

2.2 SPP-1 水下手枪

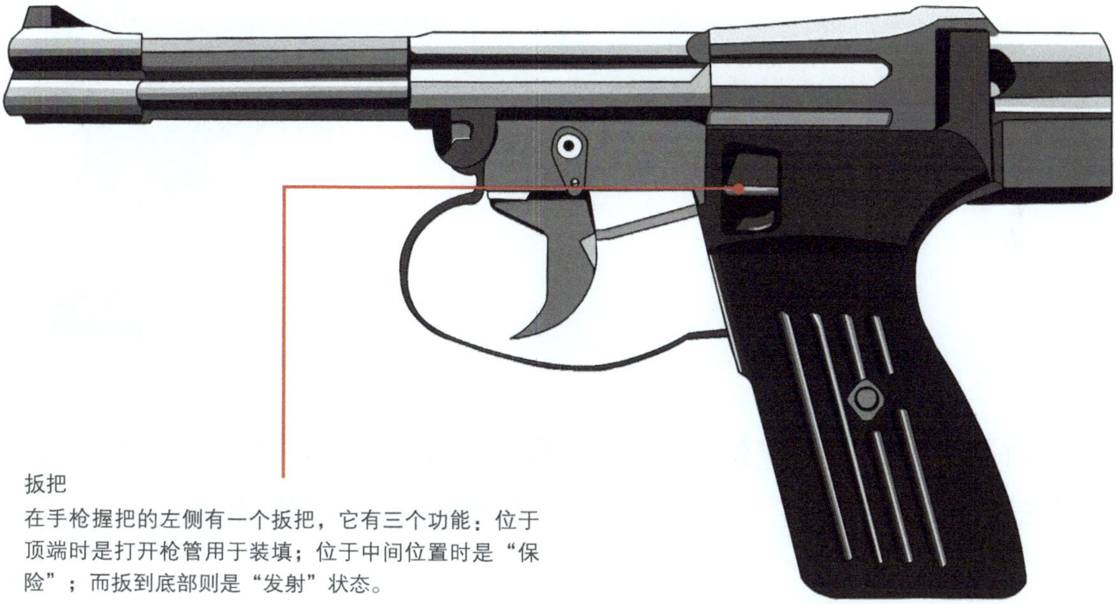

扳把

在手枪握把的左侧有一个扳把，它有三个功能：位于顶端时是打开枪管用于装填；位于中间位置时是“保险”；而扳到底部则是“发射”状态。

枪型简介

20 世纪 60 年代后期，苏联中央精密机械研究所开始研制专门的水下手枪，该枪被命名为 SPP-1，是“特种水下手枪”的缩写。

参　数

枪长：	244 毫米
枪重：	0.95 千克
枪管长：	203 毫米

枪型特征

该枪的双动击发机构采用一个旋转击针，每次扣动扳机时，击针向后进入待发位置，同时击针座会旋转 90° 对准下一颗未发射的子弹。

2.3　斯捷奇金 APS 手枪

枪型简介

斯捷奇金 APS 手枪是一种冲锋手枪，可以选择全自动射击或半自动射击。该枪在 1953~1954 年间大量装备给军事人员。

枪型特征

第二次世界大战结束后，为军事人员研制一种能全自动射击的大型军用手枪这个设想被苏联军方重新提出。1948 年，工程师伊戈尔·斯捷奇金开始研制。要求采用新的 9 × 18 毫米马卡洛夫手枪子弹，可进行半自动和全自动射击，在全自动射击时，要求容易操控，并可驳接枪托。

参　数

枪长：	225 毫米
枪重：	1.220 千克
枪管长：	140 毫米
弹匣容量：	20 发

2.4 PSM 手枪

握把

为减小手枪质量，握把采用轻合金制作，手枪分解无须工具，野外拆卸时，只需取下护板，便可看到工作部件。

枪型简介

PSM 手枪于 1983 年首次露面，主要装备警察和军官。PSM 手枪口径小，结构十分紧凑，质量小，杀伤力中等，可用于自卫。

参　数

枪长：	155 毫米
枪重：	0.460 千克
枪管长：	85 毫米
弹匣容量：	8 发

枪型特征

该枪采用自由枪机式工作原理，固定式枪管。由于采用了双动和综合保险机构，膛内有弹时，无论保险打开或关闭，都能安全地携带，并可随时准备射击。

2.5 雅鲁金 PYA 手枪

枪型简介

俄罗斯军方开始设计这种武器时，目标是容弹量更大、钢制枪身、可以使用多种规格子弹，最终采纳了由工程师弗拉基米尔·雅鲁金设计的方案，制造出了雅鲁金 PYA 手枪。

参　数

枪长：	198 毫米
枪重：	0.96 千克
弹匣容量：	17 发

该枪在试验期间被称为 6P35，现在它被正式命名为雅鲁金 PYA 手枪，很多俄罗斯部队都装备了这种手枪。

2.6 MP-448 Skyph 手枪

枪型简介

MP-448 Skyph 手枪是马卡洛夫手枪的最新改进型，由伊热夫斯克机器厂研制。这个型号主要用于出口，有两种子弹，分别为 9 毫米马卡洛夫 PM 手枪子弹和 9 毫米勃朗宁短弹。

枪型特征

该枪采用工程塑料制作握把，钢铸枪机座改进了更可靠的保险机构。由于使用了工程塑料，因此重量更轻，其外形设计也更符合人机工效。

参　数

枪长：	162 毫米
枪重：	0.64 千克
枪管长：	94 毫米
弹匣容量：	10/12 发

2.7　AEK 919 冲锋枪

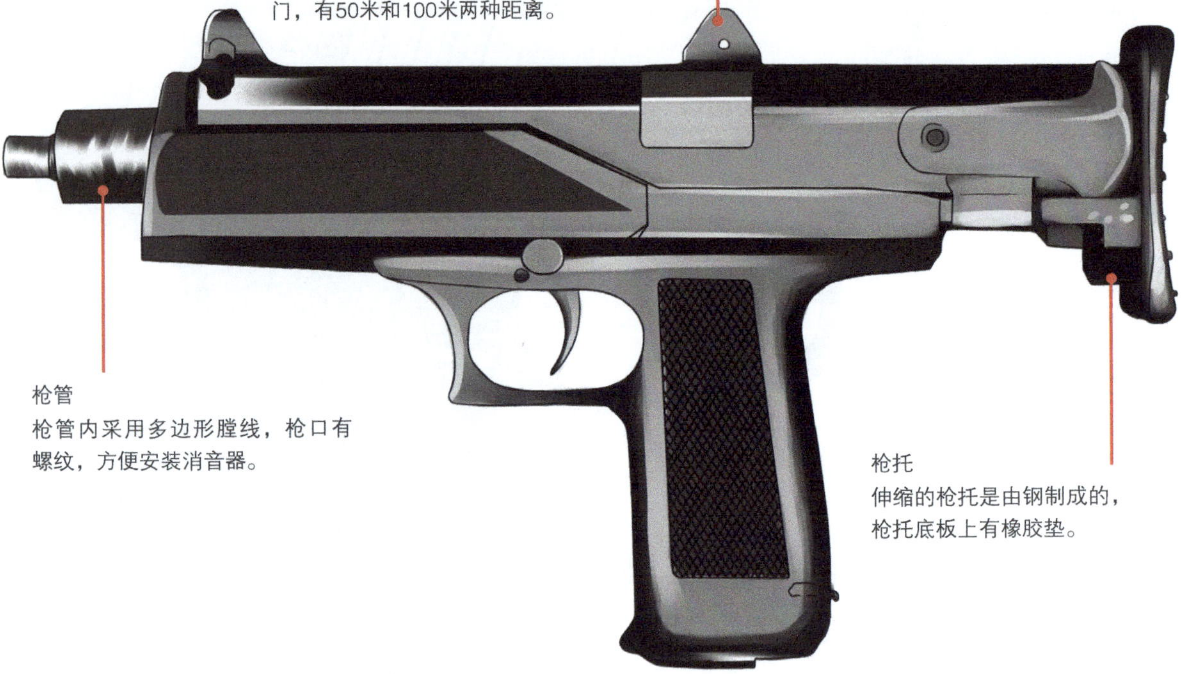

枪型简介

AEK 919 冲锋枪于 1991 年开始生产，1995 年开始装备。该枪体积小，质量轻，能安装消音器。

参　数

枪长：	485 毫米
枪重：	1.65 千克
枪管长：	167 毫米
弹匣容量：	20/30 发

枪型特征

该枪是非常紧凑的便携式冲锋枪，射击精度也比较高，射击动作可靠而舒适，甚至可以单手操作。

2.8 PP-2000 冲锋枪

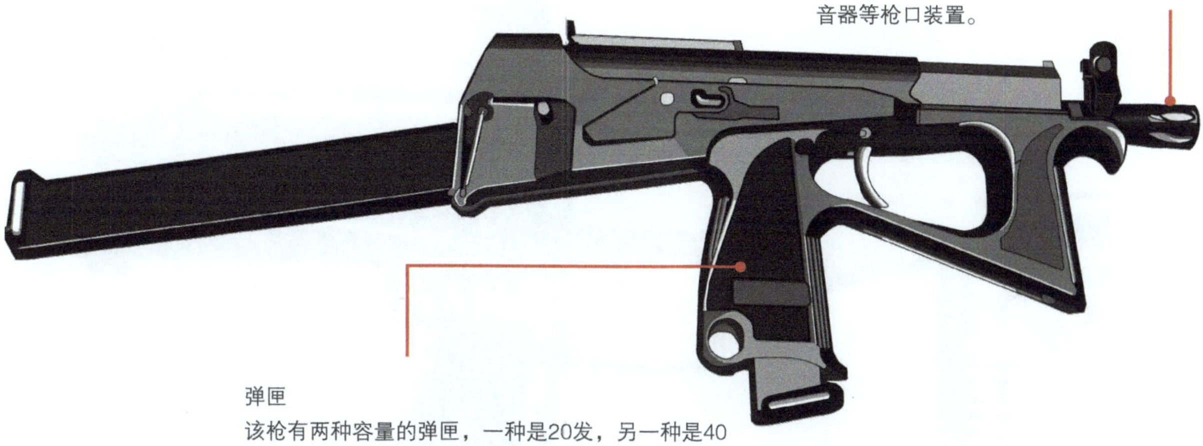

枪型简介

PP-2000 冲锋枪的外形非常新颖。该枪适合作为个人防卫武器或特种部队和特警队的室内近战武器，目前暂时还没有被任何部队采用。

参　数

枪长：	507 毫米
枪重：	1.4 千克
弹匣容量：	20/40 发

枪型特征

PP-2000 冲锋枪的结构非常简单，零部件非常少，以简化维护作业和降低造价。全枪外形紧凑，机匣、握把和扳机护圈由高强度塑料做成一个整体的部件，扳机护圈的前部可以兼作前握把。

2.9 SR-2 冲锋枪

准星

准星座可进行风偏或高低调节。

参　数

枪长：	603 毫米
枪重：	1.65 千克
弹匣容量：	20/30 发

枪型简介

SR-2 冲锋枪属于“个人防卫武器”，适用于对付穿防弹衣的目标。

枪型特征

该枪采用长行程导气活塞式自动原理，闭锁方式为回转式。机匣由钢板冲压而成，枪管下方有塑料护木。机匣上方有瞄准镜接口；枪管膛口部上方有倾斜的切口，作为膛口防跳器。

2.10 PP-19“野牛”冲锋枪

枪型简介

1993 年，由维克多·卡拉什尼科夫和阿列克赛·德拉贡诺夫共同设计了一种新颖的冲锋枪，名为 PP-19“野牛”冲锋枪。

弹匣
弹匣可靠性很高、故障率低，目前已经被俄罗斯的特种部队采用。

参　数

枪长：	690 毫米
枪重：	2.7 千克
弹匣容量：	64 发

枪型特征

该枪最大的特色是采用合成材料制造的筒形螺旋式弹匣，弹匣位于前下方，本身可充当护木，不但重心位置适当，而且在持续射击后，还可以起到隔热作用。

2.11 RMB-93 霰弹枪

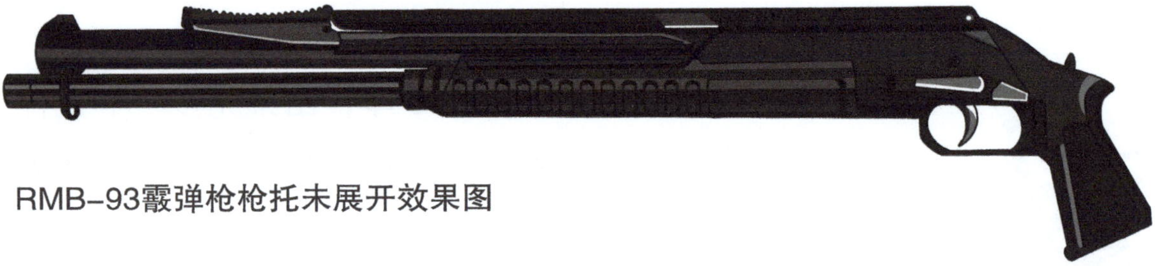

RMB-93霰弹枪枪托未展开效果图

RMB-93霰弹枪枪托展开效果图

枪托
配有聚合物前托和手枪形握把，并有可向前折叠的钢制枪托。

枪型简介

RMB-93 霰弹枪在 1993 年少量生产，并提供给俄罗斯的执法机构作为警用防暴枪。

枪型特征

该枪重量轻，但很坚固，只是用户体验不佳。该枪有内部击锤和可两侧操作的手动保险杆。扳机行程很长，而且僵硬，严重影响了射击精度。

参　数

枪长：	914 毫米
枪重：	2.6 千克
枪管长：	528 毫米
弹匣容量：	6 发

2.12 SAIGA-410 半自动霰弹枪

参　数

型号:	SAIGA-410	SAIGA-410s	SAIGA-410k
枪长:	1170 毫米	1080 毫米	840 毫米
枪重:	3.4 千克	3.4 千克	3.2 千克
枪管长:	570 毫米	570 毫米	330 毫米
弹匣容量:	2/4/10 发	2/4/10 发	2/4/10 发

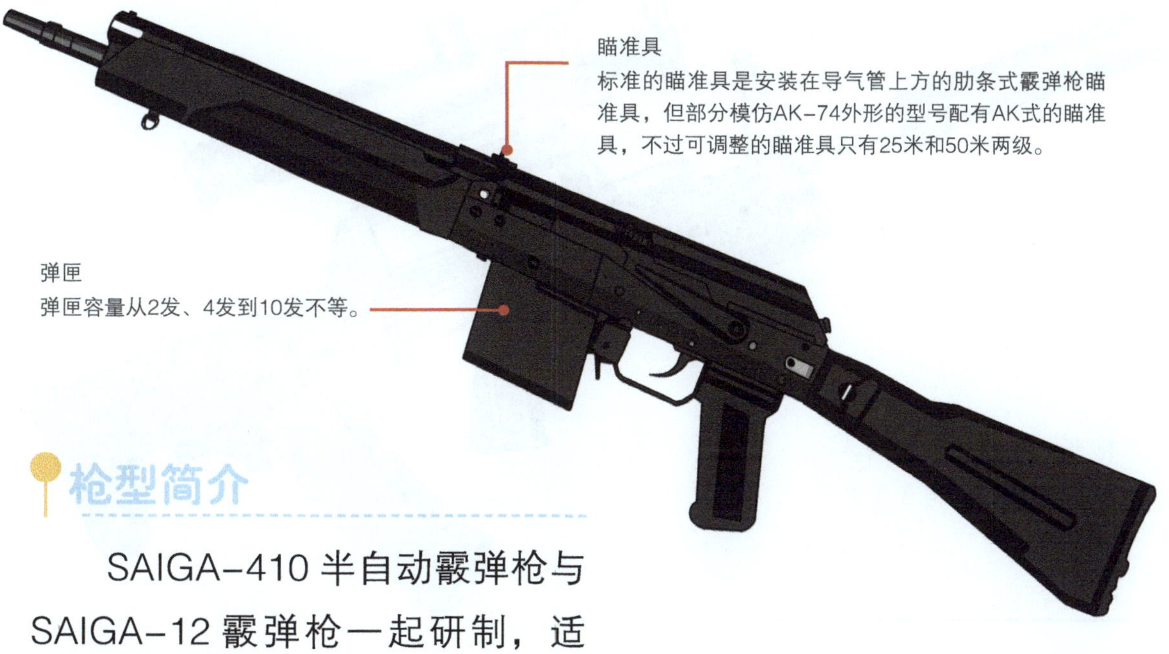

瞄准具
标准的瞄准具是安装在导气管上方的肋条式霰弹枪瞄准具，但部分模仿AK-74外形的型号配有AK式的瞄准具，不过可调整的瞄准具只有25米和50米两级。

弹匣
弹匣容量从2发、4发到10发不等。

枪型简介

SAIGA-410 半自动霰弹枪与 SAIGA-12 霰弹枪一起研制，适用于狩猎或防卫。

枪型特征

SAIGA-410 半自动霰弹枪是导气式操作原理，配有长行程导气活塞。导气系统有两个位置的手动气体调节器，使用标准的 70 毫米子弹或 76 毫米马格南子弹。

2.13 ADS 两栖步枪

枪型简介

ADS 两栖步枪是一种无托结构的两用水下突击步枪，其特点是在较为紧凑的外形上，能在水面上保持较好的战斗性能，而水下战斗的效果比同类枪支更加优秀。

参　数

枪长：	660 毫米
枪重：	4.6 千克
枪管长：	415 毫米
弹匣容量：	30 发

武器研发人员于 2005 年成功研制出的新弹药被称为 5.45×39PSP，在确定了新弹药后，设计师开始设计能在水面与水下战斗的新武器，这种新的步枪被命名为 ADS，意为“特种双用途自动步枪”。

2.14 A-91M 突击步枪

枪型简介

A-91M 突击步枪是一种无托结构化步枪，该枪保留了 9A-91 突击步枪基本的导气系统、枪机和击发机构，但整体结构改为无托式的工程塑料枪身，并在枪管下方整合了一个 40 毫米榴弹发射器。

参　数

枪长：	660 毫米
枪重：	3.97 千克
弹匣容量：	30 发

枪型特征

A-91M 突击步枪最特别的地方是采用了向前抛壳的系统。抛壳口在手枪形握把内，空弹壳被枪机头向前推，通过一段短的抛壳管送到抛壳口。

2.15 OC-11“紫杉树”突击步枪

枪型简介

OC-11“紫杉树”突击步枪是为俄罗斯的警察部队研制的。该枪于 1993 年定型，数量不多，但表现良好。

参　数

枪长：	730 毫米
枪重：	2.5 千克
枪管长：	200 毫米
弹匣容量：	25 发

枪型特征

该枪特殊之处在于它发射 SP-5/SP-6 特种微声枪弹，25 发弹匣侧面带有 8 个明显突起，以供识别，表尺座在机匣盖后端，膛口装置为上方开有方槽的圆柱形。

2.16 OC-14Groza 突击步枪

枪型简介

OC-14Groza 突击步枪严格来讲不只是一种突击步枪，而是一种突击步枪 + 榴弹发射器的综合武器系统。

枪型特征

该枪最初设计为一套突击步枪 / 榴弹发射器系统，设计要求此系统能够在野外进行快速转换功能组合，可转换的组合形式包括：卡宾枪（短枪管）、突击步枪（长枪管加前握把）、微声突击步枪（短枪管加消音器）、突击步枪 / 榴弹发射器（长枪管加榴弹发射器）。

2.17 ASM-DT 两栖突击步枪

ASM-DT两栖突击步枪

ASM-DT两栖突击步枪的另一种型号

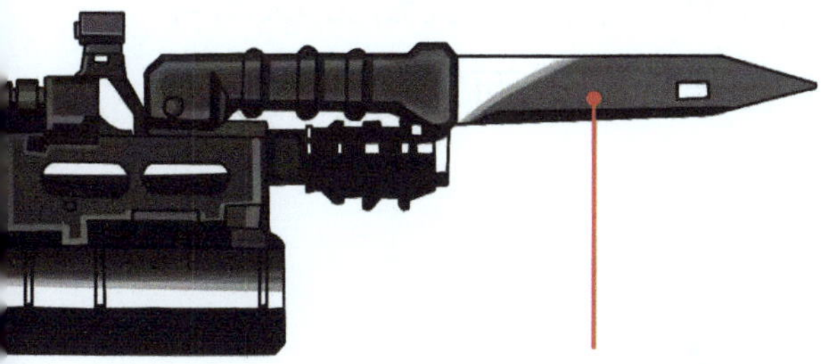

增加了护木和膨胀式消焰器等装置，此外还可配备各种光学瞄准镜、GP-25榴弹发射器、刺刀或PBS消音器等附件。

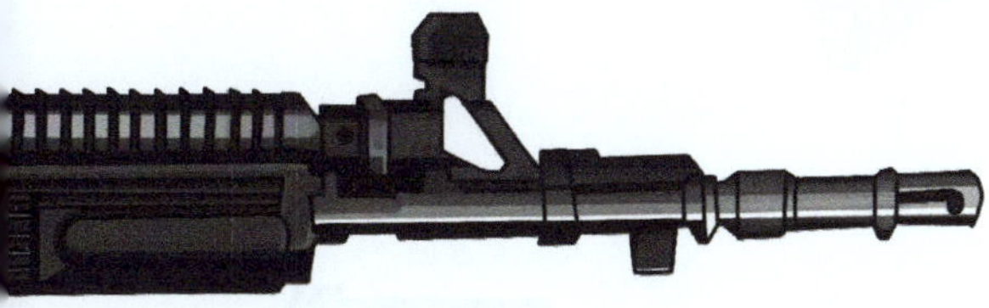

枪型简介

ASM-DT 两栖突击步枪是一种新的水下自动步枪，它能同时代替 APS 水下突击步枪和 AK-74 突击步枪，以方便在两栖突击任务中使用。要满足海军陆战队的两栖作战需求，解决方案是同一支枪能同时发射水下弹药和普通步枪弹药。

枪型特征

该枪能同时满足水下和水上使用的子弹，关键在于采用 5.45 毫米口径的线膛枪管，该枪管既能发射标准的 5.45×39 毫米 7N6 步枪弹药，又能发射 5.45×39 毫米 MGTS 水下步枪弹药。该枪枪管的阴线较深，当发射标准弹时，会有少量火药燃气通过膛线与弹头壳之间的缝隙，从弹头前喷出，把枪管内多余的水吹出，避免出水后立即发射标准弹药时出现炸膛。

2.18 APS水下突击步枪

枪型简介

APS意为“特种水下突击步枪”，最初是中央精密机械研究所研制的射程更远的水下武器。该枪在1975年开始装备苏联海军的战斗潜水员，如今的俄罗斯海军仍装备着该枪。而它的设计师于1983年因此而获得了国家奖项。

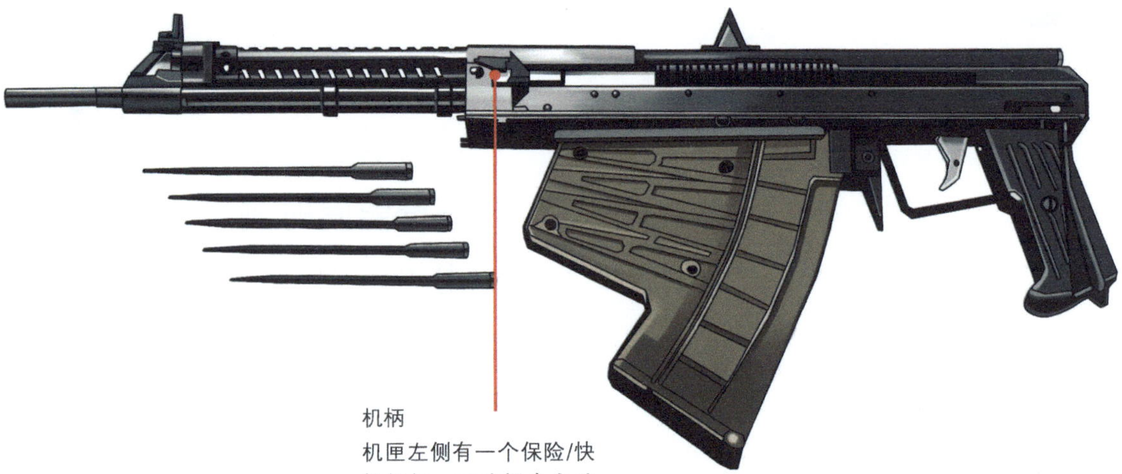

机柄
机匣左侧有一个保险/快慢机柄，可选择半自动或全自动射击。

参　数

枪长:	823毫米
枪重:	2.4千克
弹匣容量:	20发

枪型特征

该枪采用导气式自动原理，回转式枪机，开膛待击。导气系统采用自动调节导气箍，从而使该枪在水下及水面上都能正常工作。

2.19 SR-3VIKHR 小型突击步枪

枪型简介

SR-3VIKHR 小型突击步枪是以 AS“Val”微声突击步枪为基础，专门为政要保卫小组或需要隐蔽携带突击武器的特种部队配备。

枪管

该枪的结构原理与AS“Val”微声突击步枪相同，但没有整体式消音器，甚至在设计中也完全不考虑安装消音器。

枪托

为了进一步缩小尺寸，以便隐藏在外衣里，该枪采用了上翻式的折叠枪托。另外还采用了简单、小巧的照门。

枪型特征

该枪的护木是重新设计的，在护木前上方有一对左右对称的滑块，同时也是该枪的装填拉机柄。该枪按钮式的快慢机柄在扳机护圈内，位于扳机后面，弹匣的材质是塑料。

参　数

枪长：	610 毫米
枪重：	2.0 千克
弹匣容量：	10/20 发

2.20 9A-91 小型突击步枪

枪型简介

9A-91 小型突击步枪于 1994 年在图拉兵工厂进行了小批量生产。该枪原本是作为个人防卫武器而设计的，但是被俄罗斯警察部门看中并作为武器。

参 数

枪长：	605 毫米
枪重：	1.75 千克
弹匣容量：	20 发

枪型特征

该枪采用导气式原理，长行程的导气活塞位于枪管上方，回转式枪机有 4 个闭锁凸榫，机匣由钢板冲压而成，拉机柄在枪机框右侧，不用时可向上折叠。

2.21 AEK–971 突击步枪

参 数

枪长：	965 毫米
枪重：	3.3 千克
弹匣容量：	30 发

枪型特征

AEK–971 突击步枪最主要的特点是采用了根据“平衡动作原理”设计的回转式闭锁枪机系统，该系统使步枪在全自动射击时非常平稳。

2.22 AK-47/AKS-47 突击步枪

瞄准具

该枪采用机械瞄准具，并配有夜视瞄准具。柱形准星和表尺都有可翻转附件，内装荧光材料镭221。

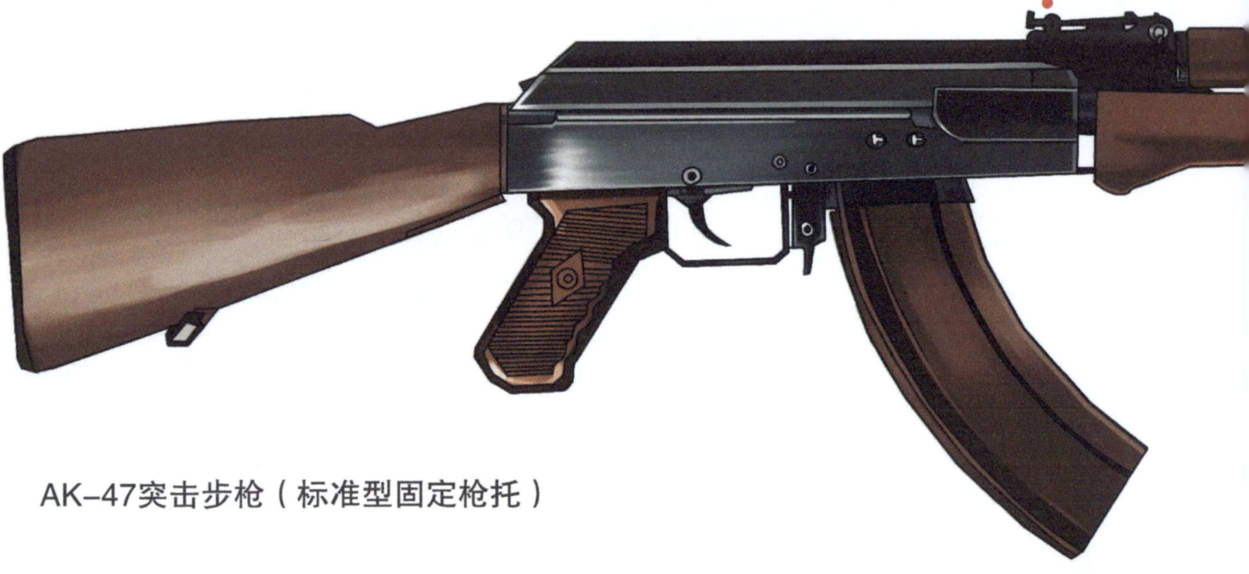

AK-47突击步枪（标准型固定枪托）

AKS-47突击步枪（折叠枪托型）

枪型简介

AK-47 突击步枪是一种为机械化步兵研制的武器，1949 年前装备的 AK-47 突击步枪没有刺刀、机匣，许多配件是用冲压工艺生产的，优点是材料消耗少、生产效率高。许多人把这种早期的枪称为“第 1 型”，以区分 1951 年和 1953 年生产的 AK-47 突击步枪。折叠枪托型的 AK-47 突击步枪是为伞兵部队研制的，称为 AKS-47 突击步枪。

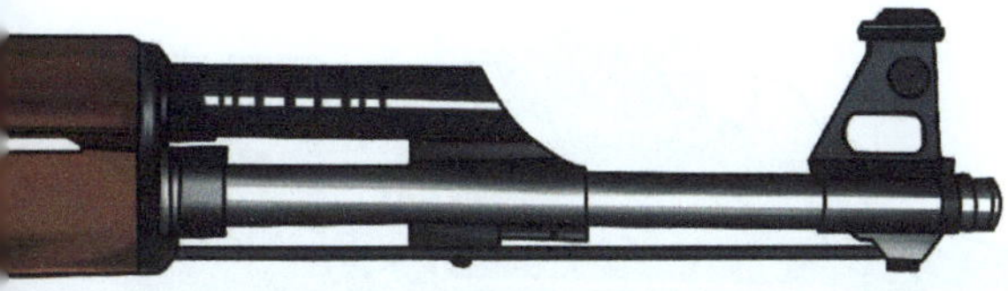

参　数

枪长：	870 毫米
枪重：	4.3 千克
枪管长：	415 毫米
弹匣容量：	30 发

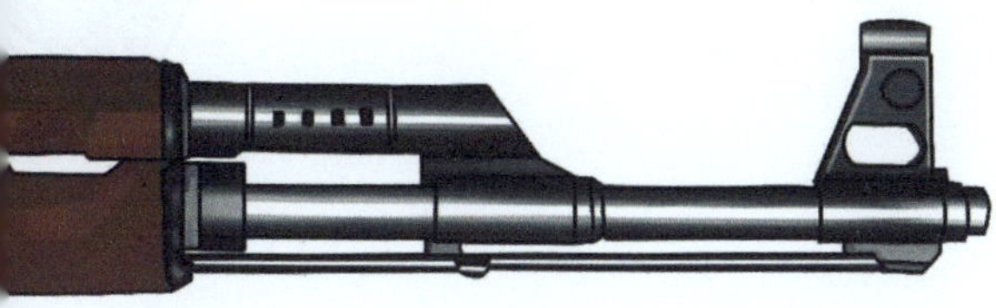

枪型特征

该枪的枪管与机匣采用螺接的办法连接在一起，膛线部分长 369 毫米，枪管镀铬，弹匣用钢制成。其击发机构为击锤回转式，发射机构直接控制击锤，实现单发和连发射击。发射机构主要由机框、不到位保险、阻铁、扳机、快慢机柄、单发杠杆、击锤等组成。

2.23 AN94 突击步枪

枪型简介

1981 年，苏联军方实施了一项名为“阿巴甘”的新一代自动步枪研制选型计划，旨在研制出有较高点射命中率的新型突击步枪。一种通过了所有技术试验和野战试验，被命名为尼科诺夫的突击步枪成为军用制式武器的样枪。但军方在投产问题上一直犹豫不决，尼科诺夫突击步枪三年以后才得到军方的首肯。1994 年尼科诺夫突击步枪才被正式定型为 AN94 突击步枪。

射击时，火药气体产生的后坐力不会直接作用到人体上，而是先作用于枪管与机匣，再通过外机匣传到人体上，所以能大幅度减轻后坐力，有利于提高点射时的射击精度。

枪管
枪管后坐到位时，即在射手还未感到武器后坐时，前两发子弹均已出膛，后坐力对射弹散布已没有影响，从而提高了命中率。

参　数

枪长：	943 毫米
枪重：	3.85 千克
枪管长：	405 毫米
弹匣容量：	30/45/60 发

枪型特征

该枪最大的特点是两发点射的散布精度极高。与 AK–74 突击步枪相比，战斗有效性提高了 1.5~2 倍，以立姿实施快速点射时，精度提高了很多。AN94 突击步枪之所以能大幅度提高射击精度，是因为该枪采用了十分独特的技术，一是采用自动混合坐冲量的原理；二是采用了双射频技术。

2.24 AKM 突击步枪

AKM突击步枪

AKMS突击步枪

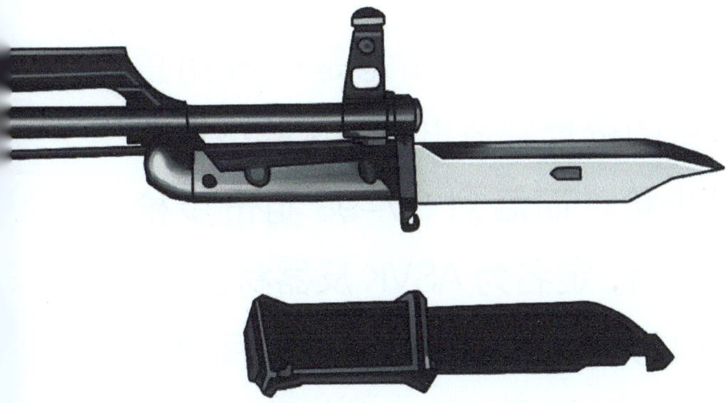

枪型简介

1953 年至 1954 年期间 AK-47 突击步枪被改进，最终定型为 AKM 突击步枪，并在 1959 年开始装备。AKM 突击步枪即卡拉什尼科夫突击步枪的改进型，这种武器已经成为至今为止生产量最高、影响最大的 AK 系列步枪。AKMS 改进型是为空降兵研制的，也是在 1959 年服役，该枪取消了枪口防跳器，稍微缩短了长度并减轻了质量。

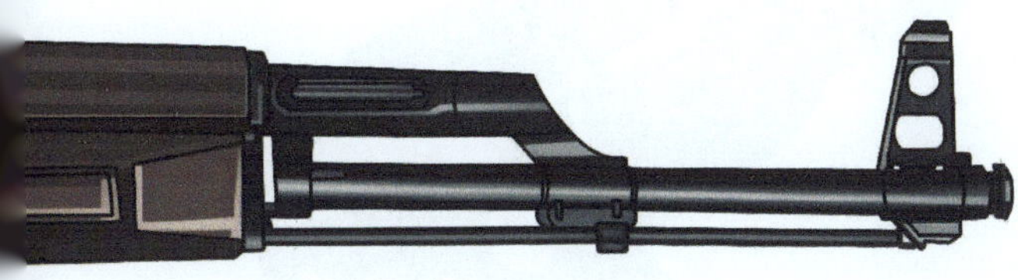

参　数

枪长：	920 毫米
枪重：	3.15 千克
枪管长：	415 毫米
弹匣容量：	30 发

枪型特征

AKM 突击步枪最主要的特点是用冲铆机匣代替 AK-47 突击步枪第 3 型的铣削机匣，使生产成本大大降低，而且新的冲铆机匣也比 AK-47 突击步枪第 1 型的冲压机匣和第 3 型的铣削机匣都要轻，改进后的 AKM 突击步枪质量只有 3.15 千克。

2.25 SV-98 狙击步枪

枪型简介

SV-98 狙击步枪是一种用重机枪的枪管制造出来的试验型反器材步枪。而后对 SV-98 狙击步枪改进后，定名为 ASVK 反器材步枪，后改称为 KSVK 狙击步枪，目前少量装备了俄罗斯的特种部队。

参　数

枪长：	1375 毫米
枪重：	7.8 千克
枪管长：	650 毫米
弹匣容量：	10 发

枪型特征

为简化设计，该枪采用旋转后拉式枪机，瞄准镜轨座在枪管左侧，这样可以直接采用 POSP 等俄军通用瞄准镜。

2.26 SV-99 狙击步枪

枪型简介

SV-99 是俄罗斯伊孜玛什公司专门为俄罗斯特种部队设计的一种小口径、轻型、近距离狙击步枪。

参 数

枪长：	1000 毫米
枪重：	3.75 千克
枪管长：	350 毫米
弹匣容量：	5/10 发

枪型特征

SV-99 狙击步枪的整枪结构非常紧凑，它可以分解成几个部分，能很方便地使用中号背包或者盒子来携行。其中最长的部件，即安装了护木的枪管与机匣，总长也不过 520 毫米。在前护木的下方设置有导轨，用于安装可折叠的两脚架。

2.27 SVDS 狙击步枪

枪型简介

SVDS 狙击步枪在 1994 年定型。最初该枪的原型有两种型号，一种是枪管长 620 毫米的步兵型，另一种是枪管长 565 毫米的伞兵型。最终选择了枪管较短的这一种。

参　数

枪长：	1135 毫米
枪重：	4.68 千克
枪管长：	565 毫米
弹匣容量：	10 发

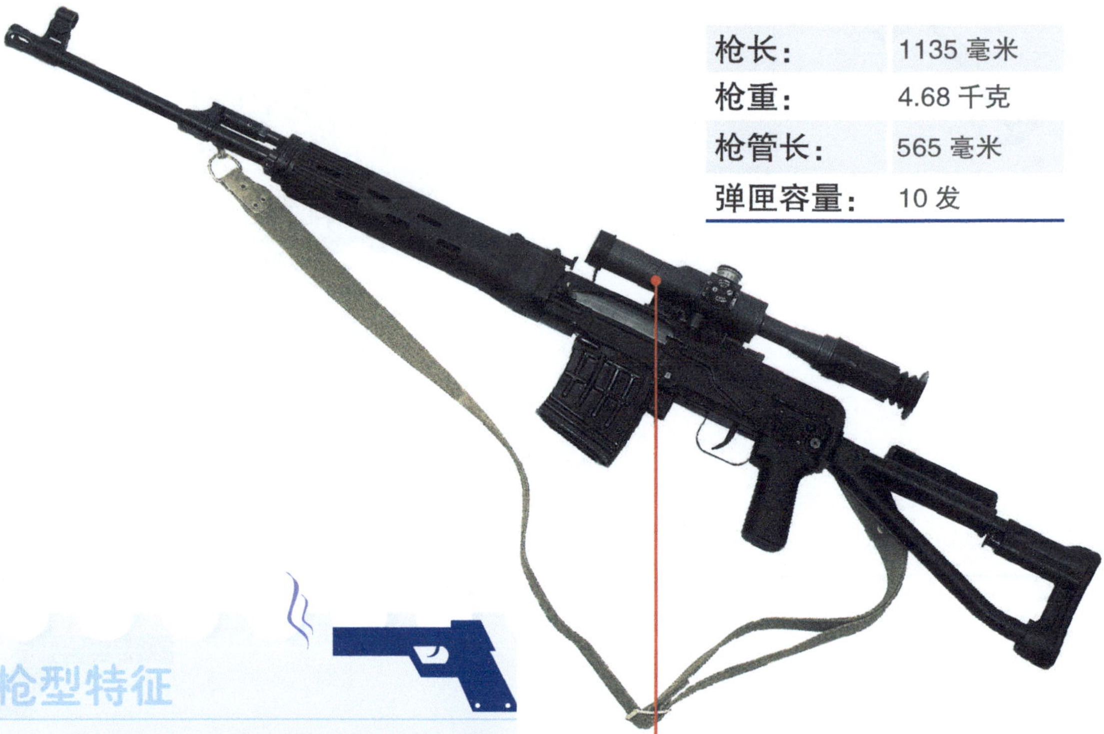

瞄准具

该枪采用标准的PSO-1狙击手瞄准镜。通过这个4倍的瞄准镜能够观察远至1300米距离的地面目标。在昏暗的天气条件下，可以通过一个过滤器增强瞄准图像，另外还有一个小型灯泡用于照亮分划板。

枪型特征

该枪的机匣盖由 1 毫米厚的钢板冲压而成，活塞没有闭气槽。导气活塞的外径和导气管的内径分别为 10.5 毫米和 14 毫米。

第3章

德　国

3.1　HK MK23 Mod 0 特种作战手枪

枪型简介

HK MK23 Mod 0 特种作战手枪是 HK 公司根据美国特种作战司令部的要求而研制的进攻型手枪。

参　数

枪长：	223 毫米
枪重：	0.9 千克
枪管长：	129 毫米
弹匣容量：	12 发

枪型特征

该枪弹匣容量为 12 发子弹，相对于大多数同类手枪来说，很有“进攻性”。

3.2 HK P7M8 手枪

枪型简介

HK P7M8 手枪在 1976 年设计出原型枪后，经过一连串的测试与验证，于 1979 年成为德军新的制式装备。

参　数

枪长：	171 毫米
枪重：	0.78 千克
枪管长：	105 毫米
弹匣容量：	8 发

枪型特征

M8 是指弹匣容量为 8 发，而 M13 则为 13 发。作为 P7 系列最早的型号，由于大容量弹匣的流行，现在 HK P7M8 手枪的数量已经很少了。

3.3 P11 水下手枪

枪型简介

有关 P11 水下手枪的资料很少，因为直到现在，其公司都没有正式公布过这支秘密研制的水下手枪的资料。

枪型特征

据说用户虽然可以自己把有子弹的枪管安装到枪身座上，但不能自己向空的枪管内装填子弹。所以每一个发射完 5 发子弹后的枪管，都必须运回工厂重新装填，因此在使用的时候比较麻烦。

参　数

枪长：	200 毫米
枪重：	1.2 千克
弹匣容量：	5 发

3.4 HK USP 手枪

枪型简介

HK USP 手枪是一种完全满足军方标准，但更轻的“进攻型”手枪。该枪刚推出时，只有 0.45ACP（11.43 毫米）口径版本，后来又增加了 9 毫米口径版本。

参　数

枪长：	171 毫米
枪重：	0.78 千克
枪管长：	105 毫米

枪型特征

该枪的特点是有可调整的准星照门、延长的带有消音器螺纹接口的枪管，以及比赛型扳机。

3.5 P99 半自动手枪

握把
以聚合物制成的整体式握把。

参　数

枪长：	180 毫米
枪重：	0.710 千克
枪管长：	102 毫米
弹匣容量：	10 发

枪型简介

1994 年，瓦尔特公司以 P88 手枪为基础重新设计了一种适合平民自卫或执法人员使用的半自动手枪，最终在 1996 年对外公开，并命名为 P99 半自动手枪。

最早公布的 P99 半自动手枪发射 9×19 毫米帕拉贝鲁姆手枪子弹，后来在 1998 年推出了发射 .40S&W 子弹的 P99 半自动手枪。瓦尔特公司针对意大利的民用市场禁止拥有 9×19 毫米口径手枪的规定，还专门设计了 9×21 毫米口径的 P99 半自动手枪。

3.6 UMP9 冲锋枪

枪型简介

UMP9 冲锋枪是 UMP 系列的最新型号，该枪发射 9×19 毫米子弹。

参　数

枪长：	690 毫米
枪重：	2.1 千克
枪管长：	200 毫米
弹匣容量：	10/25/30 发

3.7 MP5 冲锋枪

枪型简介

MP5 冲锋枪是由德国 HK 公司设计制造的。由于该系列冲锋枪被很多国家的军队、保安部队、警察选为制式武器，因此具有极高的知名度。

在使用中，MP5 冲锋枪有多种变形枪，MP5-N 冲锋枪就是其中之一。MP5-N 冲锋枪是以 MP5A2 冲锋枪、MP5A3 冲锋枪为基础，进行了防海水腐蚀处理，枪口可选用消焰器或 KAC 公司生产的消音器。

参　数

枪长：	680–804 毫米
枪重：	2.0–3.55 千克
枪管长：	115–225 毫米
弹匣容量：	15/30 发

枪型特征

该枪性能优越，特别是射击精度很高，这是因为 MP5 冲锋枪采用了与 G3 自动步枪一样的半自由枪机和滚柱闭锁方式。因此 MP5 冲锋枪的标准操作方式是先把机柄卡到机柄槽的尾端，装好弹匣后，用手拍下机柄，让枪机在复进簧的推动下复位。

3.8 MP7 冲锋枪

枪型简介

MP7 冲锋枪是量产的 PDW 的正式名称，在 2001 年投入生产。

参　数

枪长：	640 毫米
枪重：	1.8 千克
枪管长：	180 毫米
弹匣容量：	20/40 发

枪型特征

该枪与原型枪的区别是枪托底板的外形。原来的准星和照门已经取消，取而代之的是在导轨上安装的翻转式准星和照门，用户也可根据自己的需要选择不同的光学瞄准具。

由于该枪的射速过高，又推出了新的 MP7A1 冲锋枪，理论射速降低了。该枪与 MP7A1 冲锋枪的区别是 MP7A1 冲锋枪的机匣稍长，为了保持长度不变，所以枪托底板的厚度明显缩小了。

3.9 瓦尔特 MPK 冲锋枪

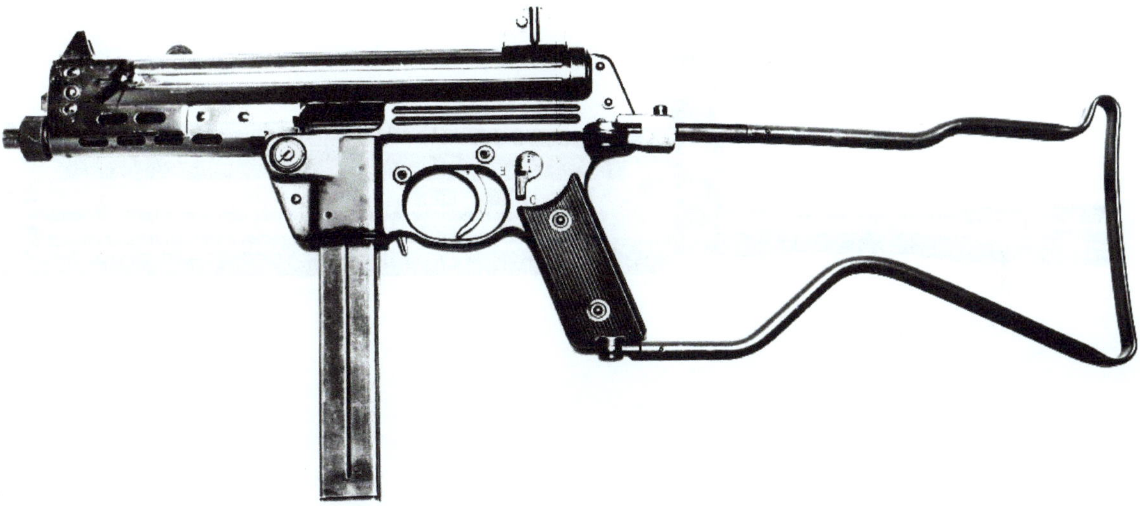

枪型简介

瓦尔特 MPK 冲锋枪在 1963 年定型投产，于 1987 年停产。MP 是德文“冲锋枪”的缩写，该枪族有两种型号，分别为枪管较长的 MPL 冲锋枪和枪管较短的 MPK 冲锋枪。

参　数

枪长：	659 毫米
枪重：	2.83 千克
枪管长：	173 毫米
弹匣容量：	32 发

枪型特征

由于采用前冲击发，枪机向前的动量就会抵消一部分火药气体压力，以减轻后坐力。

3.10 G3 自动步枪

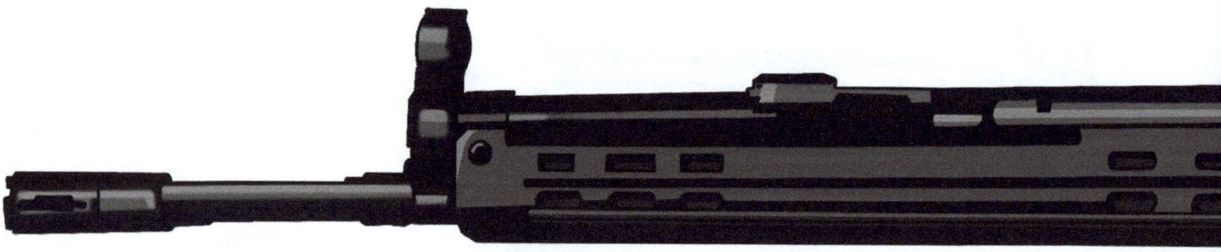

枪型简介

G3 是联邦德国研制并装备的一种自动步枪。该枪于 1957 年成为联邦德国军队制式步枪。

参　数

枪长：	895 毫米
枪重：	4.09 千克
枪管长：	315 毫米
弹匣容量：	20 发

1950 年，滚柱延迟闭锁枪机的发明者路德维希·福尔格里姆勒加入了特种材料技术研究中心并研制出了新枪，取名为赛特迈 (CETME) 步枪。1954 年该枪改为发射 7.62 毫米 NATO 标准枪弹。1958 年根据军队试验提出的改进意见对赛特迈步枪进行了改进，改进后的步枪被命名为 G3。

枪型特征

该枪的零部件大多是冲压件，机加工件较少。机匣为冲压件，两侧压有凹槽，起导引枪机和固定枪尾套的作用。枪管装于机匣之中，并位于机匣管状节套的下方。枪口有螺纹，并有一个锯齿形的圆环，用以安装消焰器固定卡簧或发射空包弹的附件。

3.11 HK416 突击步枪

该枪最初被命名为 HKM4 突击步枪，后改为 HK416 突击步枪。该枪采用了新结构的皮卡汀尼导轨护木，使 HK416 突击步枪与美国的 M4 卡宾枪在外形上有更明显的区别。

枪型简介

该枪于 2002 年开始研制，在 2005 年 2 月正式推出。

参　数

枪长：	895 毫米
枪重：	4.09 千克
枪管长：	315 毫米
弹匣容量：	20 发

枪型特征

该枪在武器试验场进行可靠性试验时，在多种极端环境下，不同类型的枪管、不同类型的弹药、安装或不安装消音器都表现出较高的水平。该枪甚至可以在水下射击，枪机进水不会炸膛，射击时几乎没有热量和火药燃气（污物）传至枪机。

3.12　FG-42 伞兵步枪

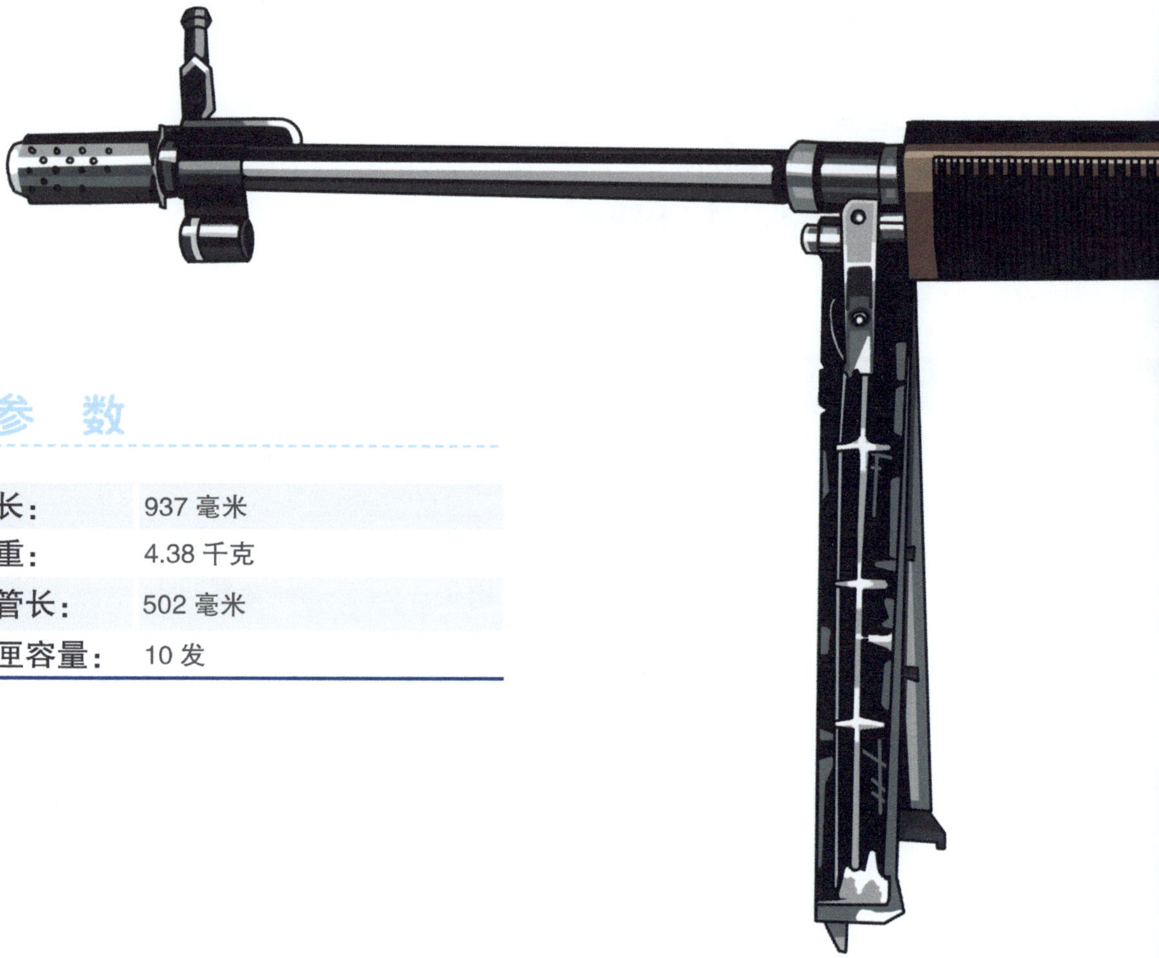

参　数

枪长：	937 毫米
枪重：	4.38 千克
枪管长：	502 毫米
弹匣容量：	10 发

枪型简介

FG-42 是德语“42 型伞兵步枪”的缩写，是在第二次世界大战期间专门为伞兵研制的一种自动步枪。该枪的设计很有意思，而且产量低，还不到 7000 支，现在已经非常罕见，成为收藏家眼中的珍品。

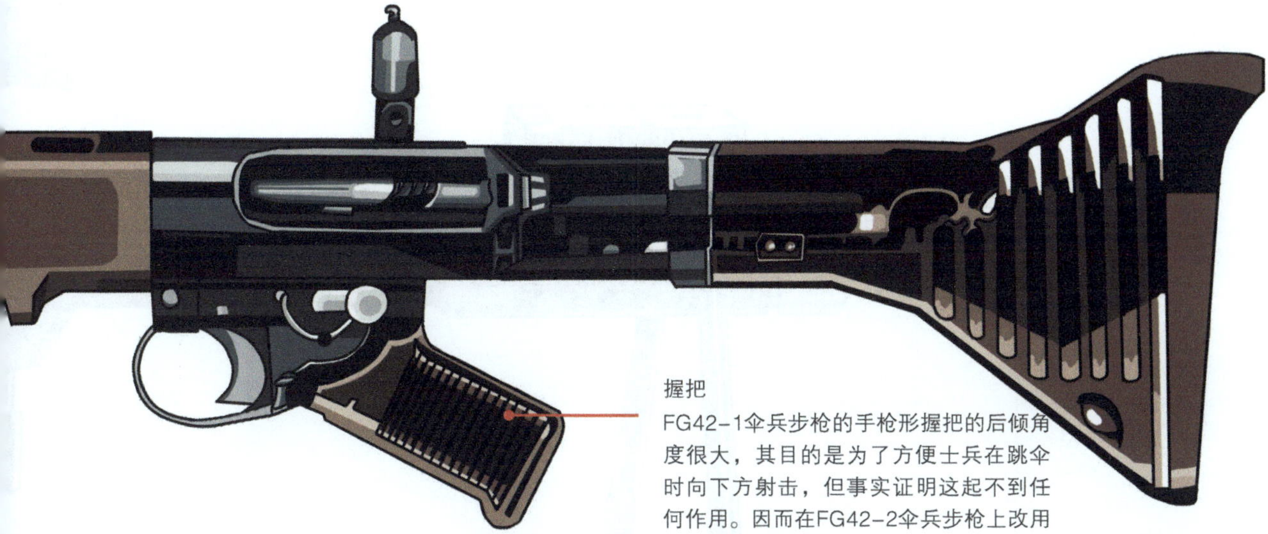

握把

FG42-1伞兵步枪的手枪形握把的后倾角度很大，其目的是为了方便士兵在跳伞时向下方射击，但事实证明这起不到任何作用。因而在FG42-2伞兵步枪上改用了较直的手枪形握把。

枪型特征

该枪类似机枪类武器，但它又要兼任自动步枪，因此很轻。这样设计便于伞兵携带，但在全自动射击时，却不容易控制。该枪的设计并没有对战后的轻武器发展产生影响，只是它的导气装置和枪机的一些设计细节被美国军方的工程师效仿，并连同 MG-42 机枪的供弹系统一起被应用到 M60 通用机枪的设计上。

3.13 DSR-1 狙击步枪

枪管

枪管从前面推进机匣，由在外面可触及的偏心轴锁定。偏心轴由夹紧螺钉固定，夹紧螺钉则由内六角扳手拧到前面的连接螺钉处。这种锁定方式已经申请了专利，可用普通的扳钳类工具进行拆卸，因此枪管很容易更换。

参数

枪长：	1230 毫米
枪重：	10.3 千克
枪管长：	800 毫米
弹匣容量：	3/4/5 发

枪型简介

DSR-1 狙击步枪是一种特种警用狙击步枪。“DSR-1”是“1 号防御狙击步枪”的意思，该枪由现已停止开发的埃尔玛 SR-100 狙击步枪改进而成。

弹匣

盒形弹匣按不同口径有不同容量，不需要改变就能插到机匣下部延伸出来的弹匣插槽内。弹匣释放按钮是两个位于抛壳口下面、枪托两侧的圆形按钮。

枪型特征

该枪采用旋转后拉式枪机，枪机圆柱形部分直径为 22 毫米，机头处有 3 个闭锁凸榫，在枪管后端有对应的闭锁槽。机匣由一块铝合金锤锻而成，安装在枪托上。机匣是该枪的核心部分，其他零件都是围绕机匣设计的。

3.14 G36 突击步枪

枪型简介

1990 年，德国决定必须尽快为陆军，尤其是快速反应部队换装新的步枪。最终在 1995 年选择了 HK50 自动步枪进行改进，并将其命名为 G36 突击步枪。

参 数

枪长：	998 毫米
枪重：	3.6 千克
枪管长：	480 毫米
弹匣容量：	30 发

枪型特征

G36E 突击步枪是专供出口的型号，出口型通常以编号后面加“E”表示。G36E 突击步枪和 G36 突击步枪的区别在于没有标准双瞄准具，只有一个 1.5 倍的望远镜式瞄准镜。

第4章

意大利

4.1 Px4 风暴手枪

枪型简介

Px4 风暴手枪于 2004 年后期，在美国首先推出，但是营销失败，后由一家意大利公司接手。

枪型特征

为适应不同射手的手掌大小，该枪塑料握把背板能够更换，每支枪配套有三种尺寸的握把背板。合适的握把，使该枪有较好的指向性。

参 数

枪长：	192 毫米
枪重：	0.815 千克
枪管长：	102 毫米
弹匣容量：	14/17 发

4.2 93R 冲锋手枪

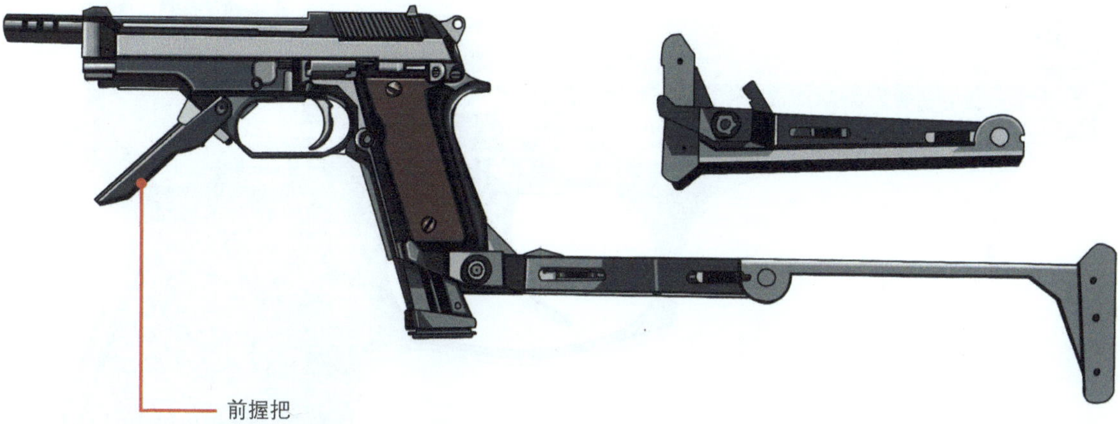

前握把

由于射速高，因此点射时必须握紧手枪，设计人员在扳机护圈前设计了一个折叠式的前握把，单发射击或用枪套携带时，可以把前握把折叠起来，平贴在枪口的下方。全自动射击时，把前握把向下翻约45°，由非射击手握住前握把，拇指穿过扳机护圈。

枪型简介

93R 冲锋手枪中的“R”是意大利文“点射”的意思。该枪如手枪般紧凑，但火力像冲锋枪一样强。

枪型特征

93R 型是以伯莱塔 92 型为基础进行改进的冲锋手枪，该枪于 1975 年开始设计，可以称为采用了单动击发装置和重型套筒的全自动 92 型。

参　数

枪长：	220 毫米
枪重：	1.170 千克
枪管长：	137 毫米
弹匣容量：	20 发

4.3 伯莱塔 92 手枪

参　数

枪长：	217 毫米
枪重：	0.95 千克
枪管长：	102 毫米
弹匣容量：	15 发

枪型简介

1970 年，意大利伯莱塔公司开始设计一种新型手枪，经过五年的研制和试验后，最终于 1975 年研制出了发射 9×19 毫米帕拉贝鲁姆子弹的伯莱塔 92 半自动手枪。

枪型特征

该枪特点是采用特殊航空铝材制成的握把，此外还采用了伯莱塔产品传统的开顶式套筒设计，容易分解和维护，15 发的大容量弹匣，拉壳钩还具有膛内有弹指示功能。

4.4 伯莱塔 8000 手枪

参　数

枪长：	179 毫米
枪重：	0.7 千克
枪管长：	92 毫米
弹匣容量：	8~15 发

枪型简介

伯莱塔 8000 手枪属于“美洲豹系列”，其特点是便于携带、操作简单，武器的射击精度和火力却没有因此减小。

该枪小巧轻便，在 1984 年开始进入武器市场，最早使用的是新颖的 .40S&W 口径，后来增加了 9 毫米 Para 和 .357 英寸 SIG 两种口径，最后发展到了 .45ACP 口径。

4.5 PM12S 冲锋枪

PM12S冲锋枪

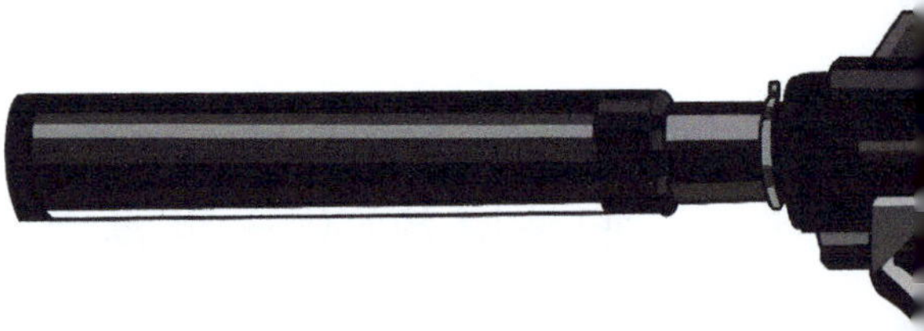

参 数

枪长：	645 毫米
枪重：	2.98 千克
枪管长：	200 毫米
弹匣容量：	30 发

枪型简介

1978 年，伯莱塔公司在 PM12 冲锋枪的基础上，重新设计了新的伯莱塔冲锋枪，被称为 PM12S 冲锋枪。

枪型特征

在结构、原理等设计上，伯莱塔 PM12S 冲锋枪与原来的 PM12 冲锋枪完全相同，主要的区别是在保险机构上，伯莱塔 PM12 冲锋枪的保险开关和快慢机柄是各自独立的按钮式开关。而在伯莱塔 PM12S 冲锋枪上，这两个按钮的功能合并成一个旋转式的快慢机柄，该快慢机柄操作起来很方便。后来改进的 PM12S2 冲锋枪更易于拆卸和养护，尽管比较重，但它仍以牢固性、精准性和可靠性而著称。

PM12S2冲锋枪

4.6 FP-6 霰弹枪

FP-6霰弹枪

枪型简介

该枪是一种泵动装填的霰弹枪，位于枪管下的管状弹匣可容纳 5 发霰弹，再加上膛内 1 发，一共可容纳 6 发子弹，FP-6 这个名称就是由此而来的。

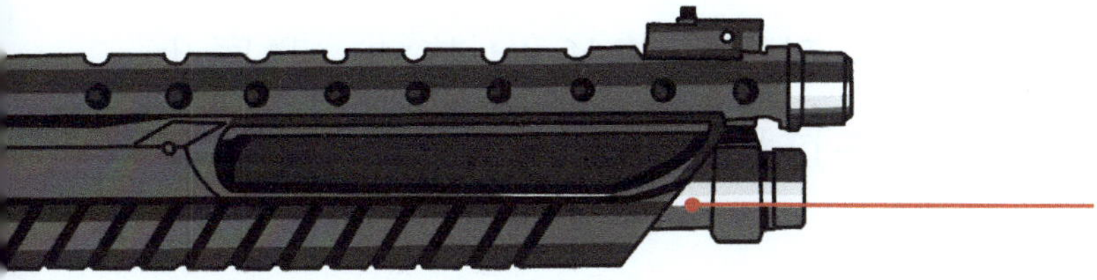

枪管

FP-6系列有较长的标准枪管，也有短枪管，可安装机械瞄准具，也可在机匣顶部装配上皮卡汀尼导轨，导轨尾端有整体缺口式照门，与装在枪管前端的翻转式准星配合使用，还可将缺口式照门换成“鬼环式”照门。

参　数

枪长：	1046.5 毫米
枪重：	3.0 千克
枪管长：	356 毫米
弹匣容量：	5/7 发

枪型特征

该枪采用独有的“三孔”枪管，可提高初速并减小射弹散布。如果需要增加弹容量，可以延长弹匣，使弹匣容量增至 7 发。大尺寸的保险按钮位于扳机护圈的后方，枪托有固定式和折叠式，也可以只安装手枪式握把。固定式枪托的托底板装配有后坐缓冲垫，射击时更舒适。

4.7 Martial 紧凑型霰弹枪

枪型简介

该枪原本是 SDASS 系列中的一种，枪管长 14 英寸，弹匣也相应缩短了，容量减少至 5 发。现在这种型号发展出了一系列紧凑型泵动霰弹枪。

Martial 14霰弹枪

Martial 18霰弹枪

Martial COMPACT霰弹枪

Martial SHORT霰弹枪

4.8 “幽灵”M4 冲锋枪

扳机

该枪的扳机与手枪很相似。该枪研制时的设计思想是简化射击操作，能实现快速射击。

参 数

枪长：	580 毫米
枪重：	2.9 千克
枪管长：	130 毫米
弹匣容量：	30/50 发

枪型简介

“幽灵”M4 冲锋枪于 1982 年开始研制，是一种尺寸紧凑、携带隐蔽、在近距离内能提供有效火力的小型武器。

枪型特征

该枪采用自由后坐式原理，但不同的是，它采用的是闭膛待击。闭膛待击的优点是命中精度较高，但对于以连发为主的武器来说，是不利于散热的。

4.9 SAT-8 半自动霰弹枪

枪型简介

SAT-8是“8发半自动战术”的缩写，它的管状弹匣容量有7发，算上膛内的1发才凑够8发。SAT-8半自动霰弹枪暂时只有3种型号，一种是使用半握把的固定枪托型，一种是使用手枪握把的固定枪托型，还有一种是使用伸缩式枪托的型号。

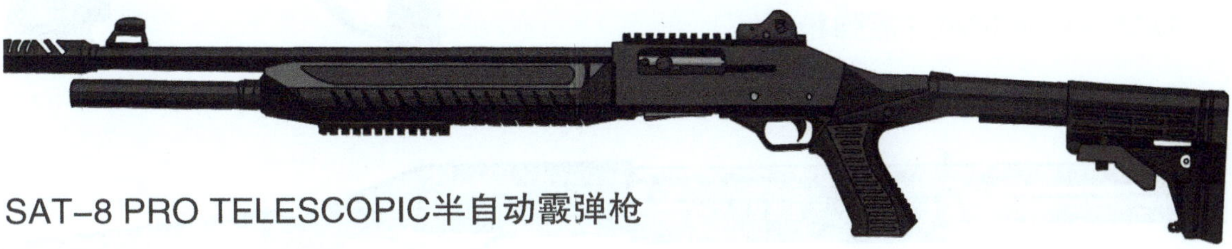

SAT-8 PRO TELESCOPIC半自动霰弹枪

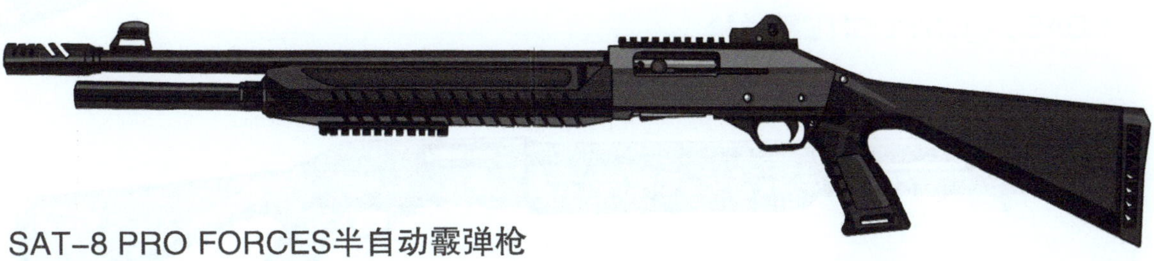

SAT-8 PRO FORCES半自动霰弹枪

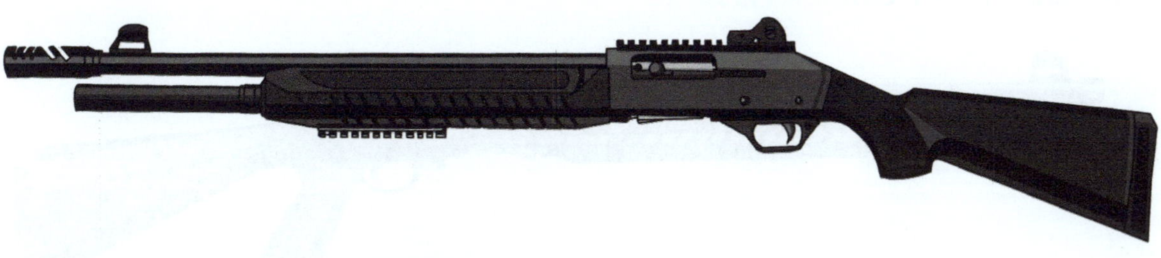

SAT-8 TACTICAL半自动霰弹枪

4.10 SDASS 霰弹枪

枪型简介

SDASS 是“特种防卫和保安霰弹枪”的缩写。该枪于 2002 年设计，2005 年开始生产，是 FP-6 霰弹枪的改进型。

SDASS COMPACT霰弹枪

SDASS COMPOSITE霰弹枪

SDASS HEAVY COMBAT霰弹枪

SDASS PRO FORCES霰弹枪

SDASS PRO TELESCOPIC霰弹枪

SDASS SHORT霰弹枪

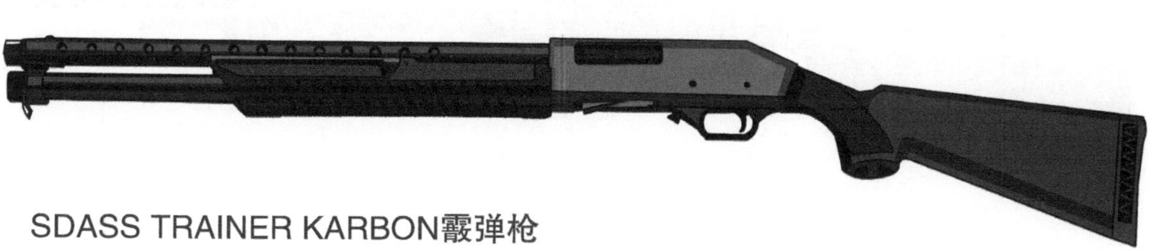

SDASS TRAINER KARBON霰弹枪

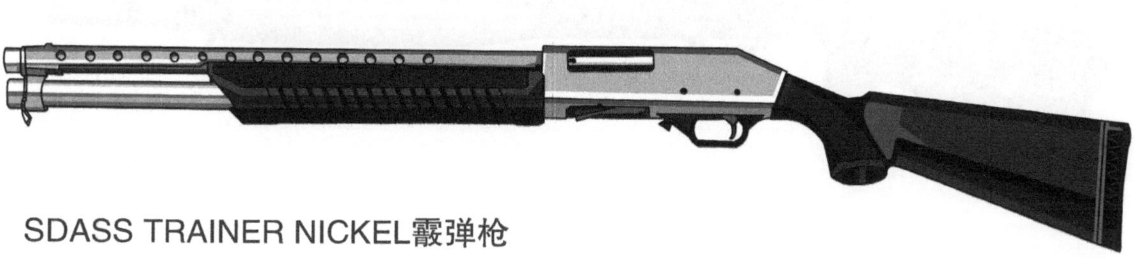

SDASS TRAINER NICKEL霰弹枪

4.11 M1 超级 90 霰弹枪

M1超级90霰弹枪

M1 TACTICAL型霰弹枪

M1 ENTRY型霰弹枪

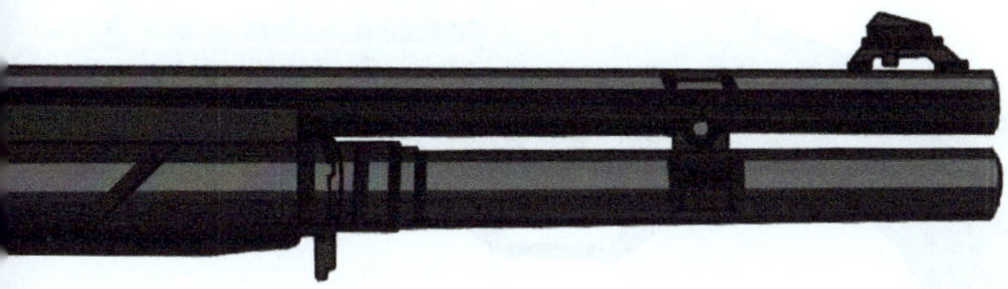

参　数

枪长：	1040 毫米
枪重：	3.4 千克
枪管长：	500 毫米
弹匣容量：	5 发

枪型简介

M1 超级 90 霰弹枪采用惯性后坐原理，实现自动装填，这是一种简单且可靠的自动原理，但缺点是不适合发射压力较低的弹药。M1 TACTICAL 型霰弹枪是轻型化的 M1 超级 90 霰弹枪，同时也是 M1 ENTRY 型霰弹枪的长枪管型。

枪型特征

该枪基本结构为传统的双管形式，即在枪管下面并排着管状的弹匣。机匣采用高强度的铝镁锌合金，表面经过发暗阳极氧化处理。枪托、小握把和护木都是采用防腐碳纤维材料。该枪具有缺口式照门的霰弹枪瞄准具，也有最近比较流行的鬼环式霰弹枪瞄准具。

4.12 M3 超级 90 霰弹枪

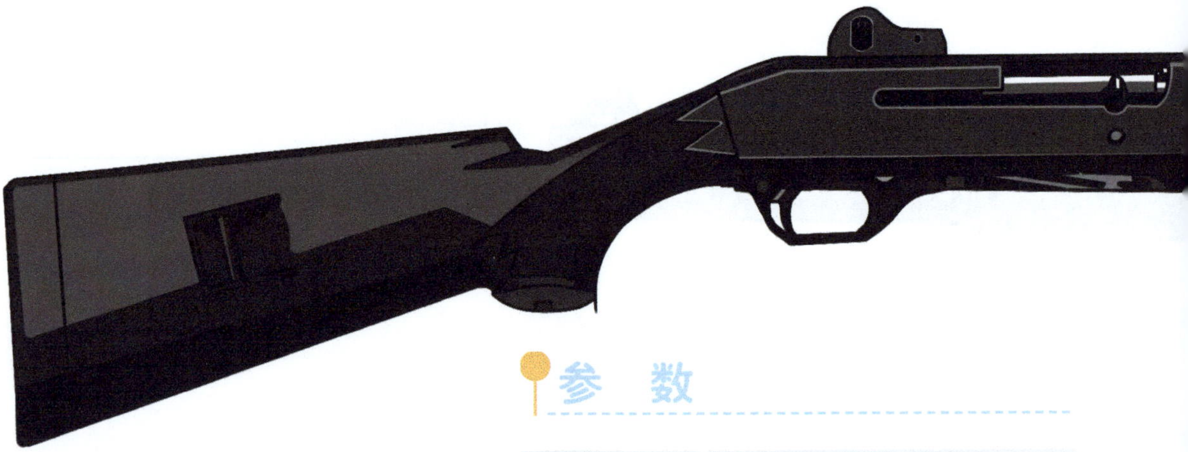

M3超级90霰弹枪

参　数

枪长：	1040 毫米
枪重：	3.4 千克
枪管长：	500 毫米
弹匣容量：	7 发

枪型简介

M3 超级 90 霰弹枪是 M1 超级 90 霰弹枪的一种改进型，因此在外形上两者比较接近，只是 M3 超级 90 霰弹枪的前托（下护木）比较短，且可以滑动。

枪型特征

该枪采用与 M1 超级 90 霰弹枪相同的惯性后坐自动系统（ID 原理），但增加了泵动机构，射手可以迅速把半自动模式转换成泵动模式。惯性后坐系统的缺点是发射低压弹时，可能没有足够的能量完成自动循环，而 M3 超级 90 霰弹枪采用双装填系统就是为了解决这个问题。

M3T型霰弹枪

M3 CONVERTIBLE型霰弹枪

4.13 M4 超级 90 霰弹枪

枪型简介

M4 超级 90 霰弹枪最初是为美军研制的战斗霰弹枪，军方要求采用半自动射击方式、折叠式枪托，并且与 3 英寸子弹（弹长）以内所有类型的弹药相容。

参 数

枪长：	1010/890 毫米
枪重：	3.8/3.6 千克
枪管长：	470/355 毫米
弹匣容量：	4/6 发

枪型特征

该枪采用了新设计的导气式机构，而不是原来的惯性后坐机构。枪机仍然采用与 M1 超级 90 霰弹枪和 M3 超级 90 霰弹枪相同的双闭锁凸榫，但在枪管与弹匣之间的左右两侧以激光焊接法并排焊有 2 个活塞筒，每个活塞筒上都有导气孔和一个不锈钢活塞，在活塞筒的前面螺接有排气杆，排气杆上有弹簧阀，多余的火药气体通过弹簧阀喷出。

4.14 NOVA“新星”霰弹枪

枪型简介

NOVA“新星”霰弹枪是泵动霰弹枪，其流线型外表独树一帜。NOVA“新星”霰弹枪操作舒适、后坐力小，原本是作为民用猎枪研发的，但很快就推出了面向执法机构和军队的战术型。

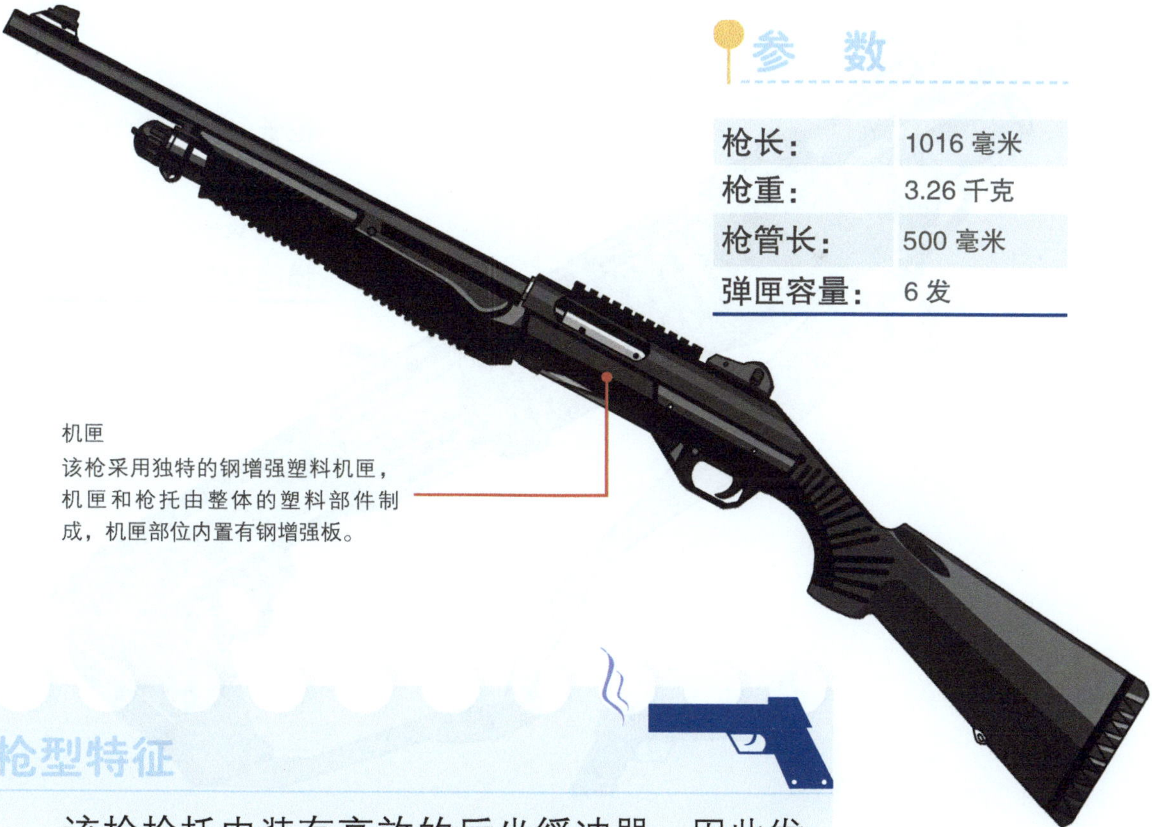

机匣
该枪采用独特的钢增强塑料机匣，机匣和枪托由整体的塑料部件制成，机匣部位内置有钢增强板。

参　数

枪长：	1016 毫米
枪重：	3.26 千克
枪管长：	500 毫米
弹匣容量：	6 发

枪型特征

该枪枪托内装有高效的后坐缓冲器，因此发射大威力的马格南弹时，也只有较低的后坐力。托底板有橡胶后坐缓冲垫，也有助于控制后坐力。滑动前托也是由塑料制成，操作动作舒适、顺畅。

4.15 SPAS-12 多功能霰弹枪

枪型简介

SPAS-12 多功能霰弹枪是一种特种用途的近战武器。由于它的通用性好、可靠性高和火力强，在推出后很快就成为备受欢迎的警用和军用武器。该枪比其他大多数类似的霰弹枪都要沉重和复杂。

参　数

枪长：	1041 毫米
枪重：	4.4 千克
枪管长：	546 毫米
弹匣容量：	8 发

枪型特征

该枪最大的特点是可以选择半自动装弹或传统的泵动装弹方式操作，以适合不同的任务需求和弹药类型。

4.16 Rx4 风暴突击步枪

枪型简介

Rx4 风暴突击步枪最先在 2006 年公布，是“Xx4 风暴”系列中的一种。该枪是用不同枪上的部件装配起来的。

参　数

枪长：	942 毫米
枪重：	3.18 千克
枪管长：	406 毫米
弹匣容量：	10/20/30 发

枪型特征

该枪是采用导气式自动原理的突击步枪，采用伯奈利专利的自动调节导气系统（ARGO）。回转式枪机有 3 个凸榫闭锁。由于复进簧在枪托内，因此不能随意更换成折叠枪托，而只能使用固定枪托或部分可伸缩的枪托。

4.17 ARX-160 突击步枪

枪型特征

该枪的基本结构也是基于 AK 系统的，最大的改进就是采用新材料，以降低重量和减小尺寸。该枪的主体将采用高强度塑料，减轻了枪重。

枪型简介

2001 年 7 月，该枪开始了为期 4 年的研究、发展计划，并命名为“未来士兵”计划。当时其单兵轻武器暂时被称为 AR-2001，在不断改进和开发后，最终命名为 ARX-160 突击步枪。

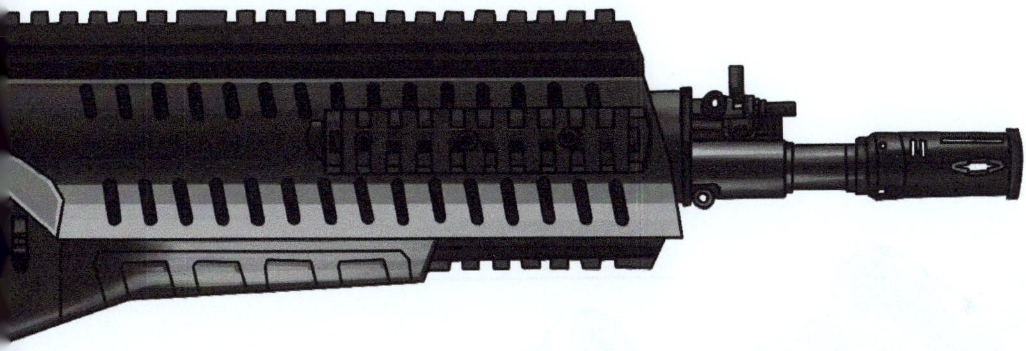

参　数

枪长：	767.4/818.4/920 毫米
枪重：	3 千克
枪管长：	254/304.8/406.4 毫米
弹匣容量：	35 发

该枪的枪管有 3 种长度，分别为 254 毫米的短卡宾型、304.8 毫米的卡宾型和 406.4 毫米的基本型。

4.18 Cx4 风暴卡宾枪

枪型简介

Cx4 风暴卡宾枪是“Xx4 风暴”系列武器中的第一种。

参　数

枪长：	755 毫米
枪重：	3.5 千克
枪管长：	320 毫米
弹匣容量：	8/10/14/17 发

枪型特征

该枪采用自由后坐式枪机、闭膛待击，只能半自动射击。枪机是包络式，能很容易地转换抛壳方向。

第5章

其他国家

5.1 斯太尔 M/S 系列手枪

枪型简介

1997 年，斯太尔－曼利夏公司开始研制新的塑料握把手枪，1999 年正式推出了斯太尔 M 系列及它的紧凑型斯太尔 S 系列。

斯太尔M9型手枪

斯太尔M40型手枪

斯太尔S9型手枪

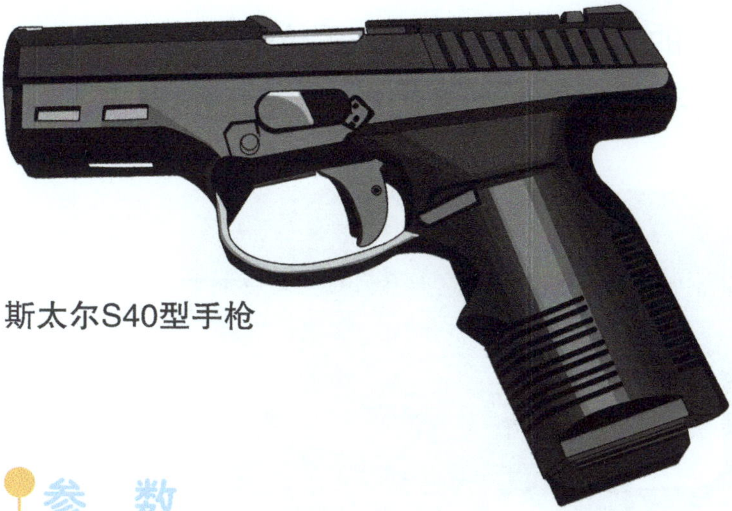

斯太尔S40型手枪

参　数

型号：	M9	M40	S9	S40
枪长：	176 毫米	176 毫米	170 毫米	170 毫米
枪重：	0.747 千克	0.767 千克	0.725 千克	0.725 千克
枪管长：	101 毫米	101 毫米	92 毫米	92 毫米
弹匣容量：	14 发	12 发	10 发	10 发

枪型特征

斯太尔 M 系列手枪采用枪管摆动式的勃朗宁闭锁原理，后膛闭锁块进入套筒抛壳口内闭锁。握把通用，只需要更换枪管、套筒、复进簧和弹匣，就能转换不同口径。斯太尔 S 系列手枪是斯太尔 M 系列手枪的紧凑型，不同点是尺寸较小、质量较轻、容弹量较小。

5.2 GLOCK 系列手枪

枪型简介

GLOCK 系列手枪采用先进的工艺，零部件误差非常小。GLOCK 17 手枪是最早也是最基本的型号，GLOCK 19 手枪是 GLOCK 17 手枪的缩小型，GLOCK 20 手枪是专门针对美国警用和民用市场设计的。

GLOCK 17手枪

参　数

型号：	GLOCK17	GLOCK19	GLOCK20
枪长：	186 毫米	174 毫米	193 毫米
枪重：	0.625 千克	0.595 千克	0.785 千克
枪管长：	114 毫米	102 毫米	117 毫米
弹匣容量：	10/17/19 发	10/15 发	10/15 发

GLOCK 19手枪

GLOCK 20手枪

5.3 AUG突击步枪

枪型简介

该枪是一种无托结构步枪，其目的是为了替换当时奥地利军方采用的战斗步枪。

AUG A1型突击步枪

参　数

枪长：	790 毫米
枪重：	3.6 千克
枪管长：	508 毫米
弹匣容量：	25/30/32 发

枪型特征

AUG突击步枪采用了大量塑料件，约占全枪零部件总数的20%，不仅枪托、握把和弹匣采用工程塑料，连受力的击锤、阻铁、扳机也用塑料制成，这些部件耐摩擦而且不需要润滑，因此有较长的寿命周期，而且非常坚固。

AUG A3型突击步枪装有皮卡汀尼导轨

5.4 50HS 狙击步枪

枪型简介

50HS 狙击步枪的首次公开展示是在 2004 年 2 月拉斯维加斯的枪展上。该枪是一种单发的手动枪机反器材狙击步枪。

枪型特征

该枪为手动操作的旋转后拉式，机头采用双闭锁凸榫，枪托长度可调，贴腮板高度可调，重型枪管上有凹槽，配有高效制退器。

参　数

枪长：	1370 毫米
枪重：	12.4 千克
枪管长：	833 毫米

5.5 SSG69 狙击步枪

枪型简介

被奥地利军方和警察部门大量使用的 SSG69 狙击步枪是一种非常出色的远程武器，尤其在射击精度上堪称传奇。

枪型特征

该枪拥有非常出色的精度，它被形容为“装在牛车上的精确制导武器”。曾有人尝试以 400 米距离击中头像靶、600 米距离击中胸靶、800 米距离击中运动靶，命中率不低于 80%，该枪的精准性几乎已经变成了传奇。

参　数

枪长：	1140 毫米
枪重：	4.6 千克
枪管长：	650 毫米
弹匣容量：	5/10 发

5.6 “沙漠之鹰”手枪

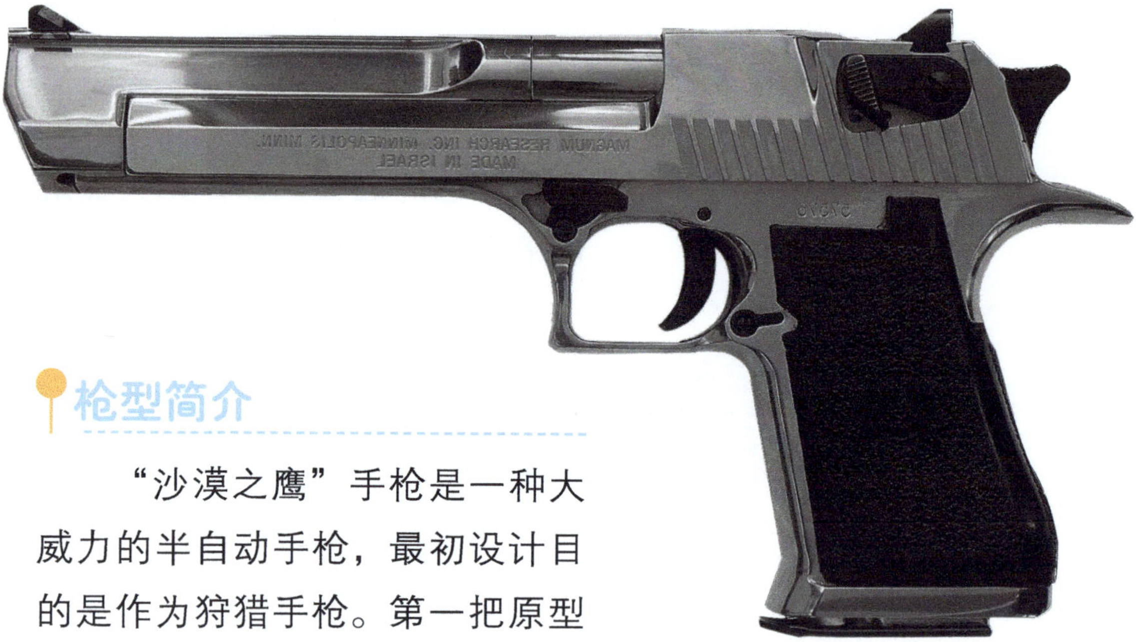

枪型简介

“沙漠之鹰”手枪是一种大威力的半自动手枪，最初设计目的是作为狩猎手枪。第一把原型枪在 1981 年完成，并在 1982 年公布，当时命名为“马格南之鹰”。

枪型特征

“马格南之鹰”手枪在 1983 年开始正式生产和销售，最终命名为“沙漠之鹰”。.357 英寸口径的“沙漠之鹰”是第一种型号，也是口径最小的型号，之后推出多种改进型号。

参　数

枪长：	267 毫米
枪重：	2.05 千克
弹匣容量：	5 发

为了追求比 .357 英寸口径的“沙漠之鹰”手枪更大的威力，1987 年推出了 .41 英寸型，不久又推出了 .44 英寸型，在 1994 年又推出了 .50 英寸 AE(12.7 毫米) 口径。

.50AE“沙漠之鹰”手枪

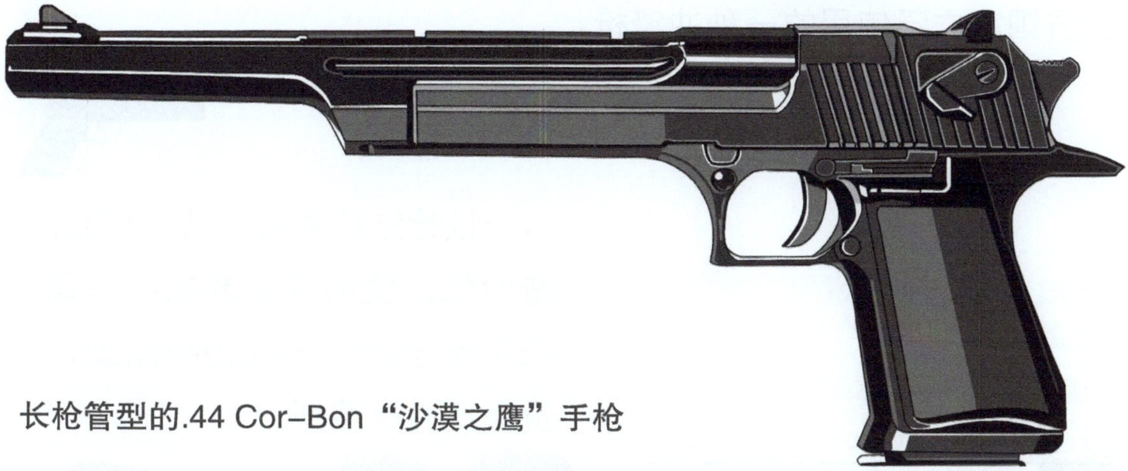

长枪管型的.44 Cor-Bon“沙漠之鹰”手枪

5.7 UZI 微型冲锋枪

枪型简介

UZI 微型冲锋枪最初作为以色列军队的制式冲锋枪，现已成为西方国家广泛使用的一种冲锋枪。

参　数

枪长：	600 毫米
枪重：	1.95 千克
枪管长：	197 毫米
弹匣容量：	10/16/25/32/40/50 发

枪型特征

该枪结构紧凑，动作可靠，造价低，使用 9 毫米帕拉贝鲁姆手枪子弹。木托为早期型，折叠托为标准型。

5.8 拐角射击系统

枪型简介

该系统既可以向侧面瞄准射击，也可以像普通抵肩武器那样向前方直接瞄准射击。因此该系统不像早年的弯管枪那样只能向固定的一侧射击，由于枪管是直的，因此使用时安全可靠。

枪型特征

该系统的前半部分是一个带摄像头的武器射架，后半部分是握把、枪托和液晶监视器组件及电池。前半部分铰接在一个可旋转的机构上，这一机构可以使得射架的前半部分向左侧或右侧旋转并能射击。使用时将武器安装在前半部分的射架上，摄像头捕捉到的瞄准画面传送到后半部分的监视器上，射手就能通过监视器来瞄准和射击。

5.9 HEZI SM-1 卡宾枪

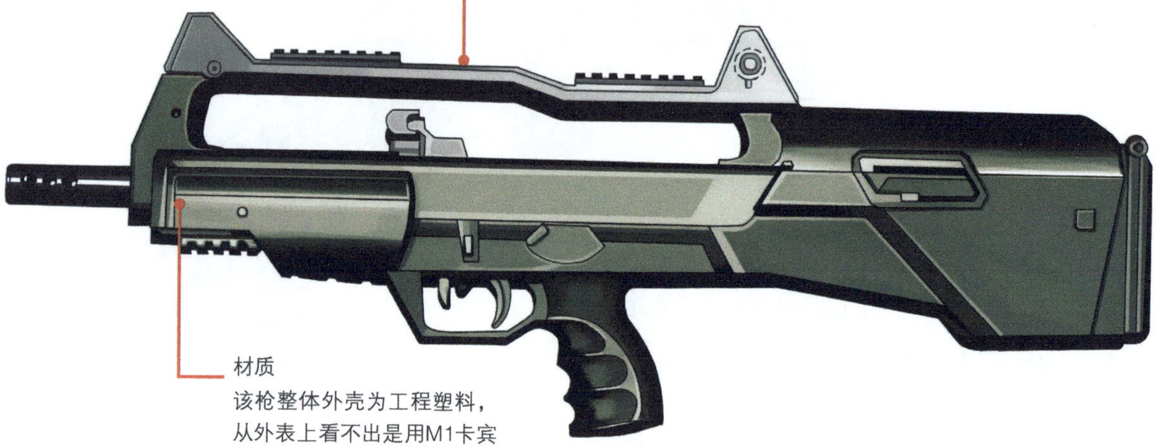

参 数

枪长：	661 毫米
枪重：	2.9 千克
枪管长：	457 毫米
弹匣容量：	10/15/20 发

枪型特征

该枪强化了枪机，增加了新的击针保险装置，抛壳口有自动打开的护盖，改进了导气装置和抛壳装置的可靠性。

5.10 Tavor 突击步枪

它可以装填5.56毫米口径子弹，它的弧形弹匣是STANG型。

枪型简介

Tavor 突击步枪替换了老旧的突击步枪。该枪于 2006 年投入使用。该枪易于操作、精准度高、稳定性强，而且体积小。

参 数

枪长：	640 毫米
枪重：	2.95 千克
枪管长：	380 毫米
弹匣容量：	30 发

枪型特征

该枪是无枪托突击步枪，结合了金属和工程塑料，配备了红点型光学辅助射击仪。

5.11 “马盖尔”卡宾枪

枪型简介

“马盖尔”卡宾枪是微型加利尔的一种变形枪。马盖尔的设计初衷是替换以色列军警普遍使用的M1卡宾枪。

枪管
在枪管下方的塑料外套上还可以安装灯具，如果将塑料外套取下，可装上发射橡胶防暴弹的发射配件。

枪型特征

该枪的机匣和枪管大部分都被塑料包裹着，这样除了防止武器部件过热和火药燃气灼伤射手，还可以防止武器撞击而受损。

参　数

枪长：	700 毫米
枪重：	3.5 千克
枪管长：	230 毫米
弹匣容量：	30 发

附录　全书枪械展示

美　国

S&W465V 左轮手枪

“蟒蛇”左轮手枪

M1911A1 军用手枪

BREN TEN 手枪

勃朗宁 BDM 手枪

KRISS Super V 冲锋枪

JACKHAMMER 自动霰弹枪

SPAS-15 多功能霰弹枪

USAS-12 自动霰弹枪

M16 突击步枪

雷明顿 ACR 突击步枪

M4 卡宾枪

BA50 狙击步枪

巴雷特 M82A1 狙击步枪

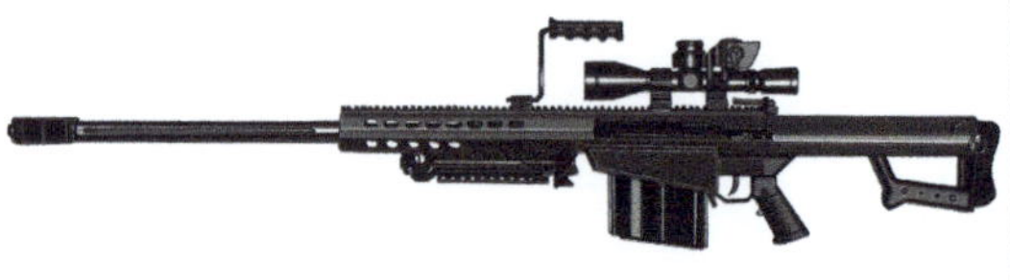

CheyTac LRRS 狙击步枪

DTA SRS 狙击步枪

雷明顿 MSR 狙击步枪

M96 狙击步枪	斯太尔 ACR 先进突击步枪

俄罗斯 / 苏联

马卡洛夫手枪	SPP-1 水下手枪

斯捷奇金 APS 手枪	PSM 手枪

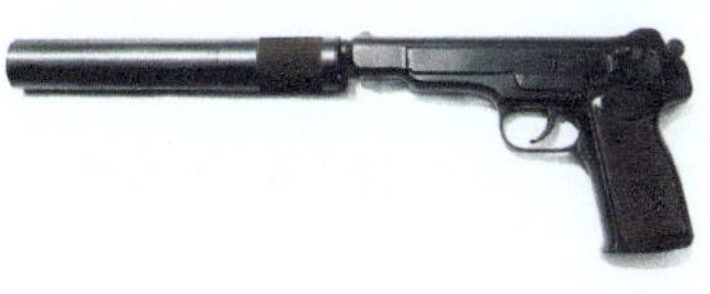

雅鲁金 PYA 手枪	MP-448 Skyph 手枪

AEK 919 冲锋枪

PP-2000 冲锋枪

SR-2 冲锋枪

PP-19 “野牛” 冲锋枪

RMB-93 霰弹枪

SAIGA-410 半自动霰弹枪

ADS 两栖步枪

A-91M 突击步枪

OC-11 “紫杉树”突击步枪

OC-14Groza 突击步枪

ASM-DT 两栖突击步枪

APS 水下突击步枪

SR-3VIKHR 小型突击步枪

9A-91 小型突击步枪

AEK-971 突击步枪

AK-47/AKS-47 突击步枪

AN94 突击步枪

AKM 突击步枪

SV-98 狙击步枪

SV-99 狙击步枪

SVDS 狙击步枪

德　国

HK MK23 Mod 0 特种作战手枪

HK P7M8 手枪

P11 水下手枪

HK USP 手枪

P99 半自动手枪

UMP9 冲锋枪

MP5 冲锋枪

MP7 冲锋枪

瓦尔特 MPK 冲锋枪

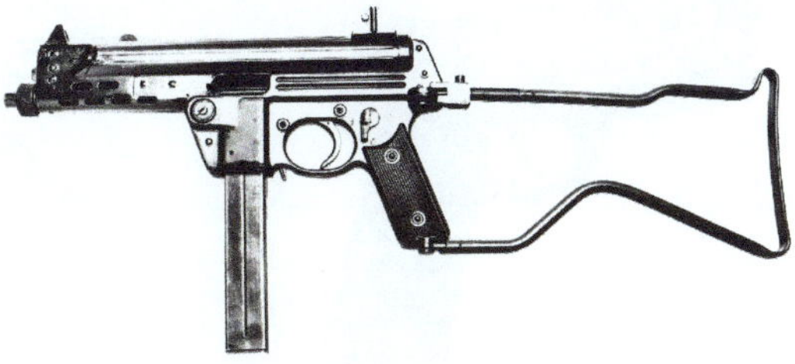

G3 自动步枪	HK416 突击步枪

FG-42 伞兵步枪	DSR-1 狙击步枪

G36 突击步枪	

意大利

Px4 风暴手枪	93R 冲锋手枪
	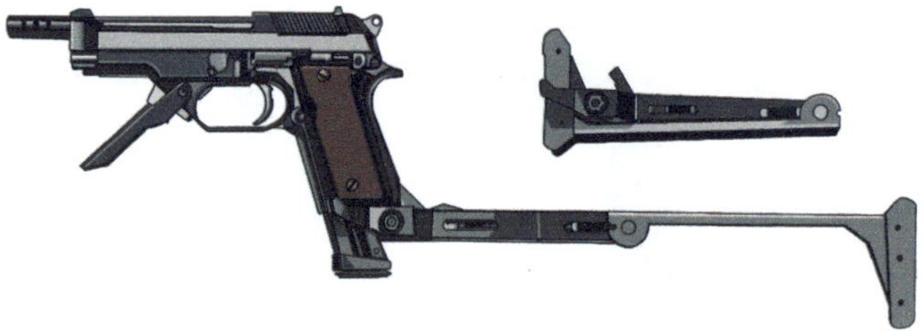

伯莱塔 92 手枪	伯莱塔 8000 手枪	PM12S 冲锋枪

FP-6 霰弹枪	Martial 紧凑型霰弹枪

“幽灵”M4 冲锋枪	SAT-8 半自动霰弹枪

SDASS 霰弹枪	M1 超级 90 霰弹枪
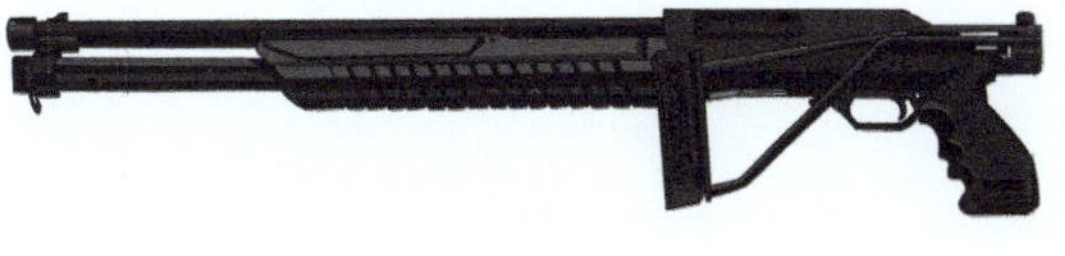	

M3 超级 90 霰弹枪

M4 超级 90 霰弹枪

NOVA“新星”霰弹枪

SPAS-12 多功能霰弹枪

Rx4 风暴突击步枪

ARX-160 突击步枪

Cx4 风暴卡宾枪

其他国家

斯太尔 M/S 系列手枪

GLOCK 系列手枪

AUG 突击步枪

50HS 狙击步枪

SSG69 狙击步枪

“沙漠之鹰”手枪

UZI 微型冲锋枪

拐角射击系统

HEZI SM-1 卡宾枪	Tavor 突击步枪

“马盖尔”卡宾枪